江西省
老年友好型社区建设
发展报告（2021）

江西财经大学江西省老龄问题研究中心

主 编：王 峥

ANNUAL REPORT ON THE DEVELOPMENT OF
AGE-FRIENDLY COMMUNITIES CONSTRUCTION IN
JIANGXI PROVINCE(2021)

经济管理出版社
ECONOMY & MANAGEMENT PUBLISHING HOUSE

图书在版编目（CIP）数据

江西省老年友好型社区建设发展报告（2021）/江西财经大学江西省老龄问题研究中心，王峥主编.—北京：经济管理出版社，2022.7

ISBN 978-7-5096-8575-4

Ⅰ.①江…　Ⅱ.①江…　②王…　Ⅲ.①社区建设—研究报告—江西—2021　Ⅳ.①D669.3

中国版本图书馆 CIP 数据核字（2022）第 118175 号

组稿编辑：丁慧敏
责任编辑：丁慧敏
责任印制：黄章平
责任校对：王淑卿

出版发行：经济管理出版社
　　　　　（北京市海淀区北蜂窝 8 号中雅大厦 A 座 11 层　100038）
网　　址：www. E-mp. com. cn
电　　话：（010）51915602
印　　刷：北京虎彩文化传播有限公司
经　　销：新华书店
开　　本：720mm×1000mm/16
印　　张：13.25
字　　数：210 千字
版　　次：2022 年 10 月第 1 版　　2022 年 10 月第 1 次印刷
书　　号：ISBN 978-7-5096-8575-4
定　　价：88.00 元

前言
PREFACE

  推进老年友好型社区建设是我国积极应对人口老龄化的重要举措。老年友好型社区建设不仅关系到我国 2.6 亿老年人的生活质量，也关系着经济的持续发展与社会的和谐稳定。老年友好型社区的创建，可以更好地满足老年人在居住环境、日常出行、健康服务、养老服务、社会参与、精神文化生活等方面的需要，使老年人生活更舒适、更安全、更有品质，切实增强老年人的获得感、幸福感、安全感。

  2020 年 12 月 9 日，国家卫生健康委员会、全国老龄办印发了《关于开展示范性全国老年友好型社区创建工作的通知》，提出推进老年友好型社会建设，明确了老年友好型社区创建的工作任务。老年友好型社区的创建工作共包括六方面的内容，即改善老年人居住环境、方便老年人日常出行、提升为老服务质量、扩大老年人社会参与、丰富老年人精神文化生活、提高为老服务科技化水平。创建工作分为四个阶段，分别是示范创建阶段、示范推进阶段、总结深化阶段和全面评估阶段。预计到2035年底，全国城乡社区普遍达到老年友好型社区标准。

　　为落实第一阶段示范创建工作，国家卫生健康委员会、全国老龄办于2021年1月26日下发了《关于开展2021年全国示范性老年友好型社区创建工作的通知》（国卫老龄函〔2021〕25号），部署了"在全国评选出1000个示范性老年友好型社区"的工作任务。随后，国家卫生健康委员会、全国老龄办于2021年6月2日公布了《全国示范性老年友好型社区评分细则（试行）》，用于指导各地的创建和评估验收工作。

　　随后，江西省卫生健康委老龄健康处在江西省城乡开展了老年友好型社区的创建和"全国示范性老年友好型社区"的推选工作，并聘请江西财经大学老龄问题研究中心的专家对江西省50个城乡社区的申报材料进行了科学评分。推选打分工作以《全国示范性老年友好型社区评分细则（试行）》为依据，分为农村社区和城镇社区两个类别。评分指标主要包括居住环境、出行设施、社区服务、社会参与、孝亲敬老、科技助老、管理保障七个方面，同时鼓励城乡社区突出各自的工作特色、亮点。评估和推选工作顺利完成，其中30个社区进入了2021年8月31日公示的全国示范性老年友好型社区名单。

　　本书以2021年度江西省城乡社区申报资料为基础，整理并展示了江西省在老年友好型社区建设方面的现状。全书共分为11章。其中，第一章至第十章介绍了江西省不同地市申报社区的基本情况与建设现状，客观反映了江西省50个城乡社区积极应对人口老龄化的建设起点，这将成为江西省老年友好型社区建设的重要历史资料。第十一章是2021年度参评社区资料的选编内容，可以为江西省乃至全国下一阶段的老年友好型社区建设工作提供良好借鉴。附录内容不仅梳理了我国老年友好型社区建设方面的政策文件和2021年度创建推选工作的评分细则，也体现了江西省老龄健康相关部门对老年友好型社区建设现状的分析与反思，这将为今后老年友好型社区的建设工作提供宝贵经验。

王　峥

2022年2月2日于南昌

目录
CONTENTS

第一章
南昌市城乡老年友好型社区建设现状

第一节　南昌市南昌县武阳镇前进社区

一、社区基本情况

江西省南昌县武阳镇前进社区位于县东南，距离县城 10 千米，新莲塔二级公路贯穿而过，交通便利。近年来，该社区先后建成一批居家养老（颐养）之家、社区史馆、新时代文明实践点等设施，成为远近闻名的新时代小康示范社区，先后获得国家级荣誉 2 次、省市级荣誉 8 次、县级荣誉 4 次，年年获得镇级荣誉。

目前，前进社区下辖 7 个自然村 5 个村小组，耕地 2114 亩，共有 560 户 2287 人，其中 60 岁以上老年人 399 人，70 岁以上老年人 192 人。村党支部高度关注全村老年人晚年生活，积极探索"党建+五老（老党员、老干部、老退役军人、老劳模、老教师）"服务，在居住环境、日常出行、健康服务、养老服务、社会参与、精神文化等方面下功夫、做工作，努力让老年人切身感受到"生活便捷舒适、服务无处不在、幸福就在身边"。

二、社区建设现状

（一）居住环境安全更整洁

一是全村自来水入户率达 100%，保障了居民日常生活用水需求。二是通过网格化、分片区管理，村干部包干到组，定期对重点人群用电和用气等设施进行安全检查或入户排查，对老化或损坏的设施及时进行改造维修，排除安全隐患。三是结合 2018 年"厕所革命"，全村基本完成农村户厕改造，旱厕全部改造成冲水式厕所。四是村内生活垃圾及时清扫、收集，日产日清，村内无暴露和积存垃圾，河沟渠塘无积存垃圾、无白色污染，水面无明显漂浮物，村内无黑臭水体。五是帮助老年人养成文明如厕习惯，调动农村老年人家庭积极参与农村户厕改造。六是结合农村危房改造工作，采取政府补贴等方式，对所有纳入特困供养、建档立卡范围的高龄、失能、残疾老年人家庭实施老年人住房适老化改造。七是党员、村组干部等自愿组建夜间巡逻队，每晚定时进行全村巡逻，确保包括老年人在内的村民夜间居住安全。

（二）出行设施完善更便捷

一是村步行道路满足安全便利要求，村主干道路已完成硬化处理，修缮破损路，整治低洼路，保持路面平整、安全。村内小组次干道进行适度硬化处理，实现"户户通"。二是在村主干道路和老年人活动场所安装路灯，保持安全通行的亮度。三是村内电力、通信、有线电视线路架设安全规范，无违章交越和搭挂。四是设置休息空间和座椅，老年人主要活动场所的临空侧设置栏杆和扶手等安全阻挡设施。五是在村老年活动中心建设卫生公厕，设置残障通道及坐便器，以方便老年人使用。

（三）社区服务便利更可及

一是积极推进乡镇卫生院和村卫生室一体化管理，实现基本医疗保险联网直接结算，为老年人提供便利的基本医疗卫生服务。二是开展家庭医生签约服务，定期为老年人提供生活方式和健康状况评估、体格检查、辅助检查和健康指导等健康管理服务，截至 2022 年，家庭医生签约率已达 85%。三是加强村卫生室服务能力建设，鼓励村医实施健康养老服务，为老年人提供医、养、康、护结合的医养结合服务。四是依托村卫生室，通过健康宣传栏、健康讲座等形式，推进老年人健康促进和健康教育活动，宣传失能预防核心信息和阿尔茨海默病预防与干预核心信息等健康知识，普及健康老龄化理念和健康科普知识。五是建立农村独居、留守、失能（含失智）、重残、计划生育特殊家庭老年人定期探访制度，做好老年人基本信息摸查，通过电话问候、上门访问等方式来定期探访老年人，及时了解老年人生活情况，将存在安全风险和生活困难的老年人作为重点帮扶对象。六是将全村划分为三个片区，各片区分别开办老年人活动中心，设置娱乐休闲场所及其他辅助设施，方便老年人娱乐。七是以自然村就近为原则，建成两家居家养老服务中心，分别是"徐黄老年颐养之家"和"下钱居家养老服务中心"，极大方便了老年人用餐和娱乐等生活需要。2020年11月，"全国农村养老调研现场会"在"徐黄老年颐养之家"召开，其成熟的农村养老服务模式得到上级部门的充分肯定。八是定期开展老年人防诈骗知识与技巧宣传教育工作，提高老年人识别和防范非法集资、电信诈骗等非法侵害的能力。九是定期让村级法律顾问到村为老年人提供法律援助等公共法律服务，帮助解决涉及老年人的纠纷及相关事务。十是发挥村老年协会的作用，探索农村养老服务志愿服务机制，鼓励老年人参与各种公益性活动和志愿服务。

（四）社会参与广泛更充分

社区引导、组织老年人参加社区民情理事会，积极邀请"三老"人员主动参与社区建设和管理活动，参与社区公益慈善、教科文卫等事业。积极支持社区老年协会工作，广泛发动老年人开展自助、互助和志愿活动及文体活动，充分发挥老年人的积极作用，并制定符合社区实际情况的《前进社区居民公约》。社区率先探索"党建+颐养之家"农村养老模式，以"政府暖心、老人开心、子女放心"为宗旨，为70岁以上老年人提供精细照管"四助"服务，实现就近安置。为确保"徐黄老年颐养之家"的长效运行，通过"政府出一点、社区贴一点、老人出一点、乡贤捐一点"的模式，有效保障农村养老服务的可持续发展。

（五）孝亲敬老氛围更浓厚

一是强化家庭在农村老年人赡养与关爱服务中的主体责任，增强村规民约对家庭赡养义务人的道德约束，在尊重老年人意愿的前提下，赡养义务人可与亲属或其他人签订委托照顾协议，并向村民委员会报备。对赡养人、扶养人不履行赡养、扶养义务的，由村民委员会及村老年协会监督其履行。二是利用每年"老年节"、冬至等节假日，组织"好儿媳"评选等敬老、爱老、助老主题教育活动，注重开展"敬老、爱老、助老模范人物"宣传报道，发挥孝亲敬老典型的示范作用。

（六）科技助老智慧更创新

一是在全村网络基本到村的基础上，鼓励老年人家庭尤其是留守老年人家庭安装宽带网络，方便老年人与外出子女视频联络。二是居家养老服务中心内部实现网络全覆盖，并安装网络视频设备，满足老年人情感交流需求。三是完成农村智能广播网建设，在每个村小组安装云广播、村村响，每天固定时间安排播出，并能实现应急插播。

（七）管理保障到位更有力

一是从社区工作者中安排专人负责老龄工作，主要由扶贫专干负责。二是村集体逐步增加农村社区为老服务设施的财力投入，扶持各类为老服务设施的建设和正常运营，预计投入20万元。三是建立长效机制，统筹部署农村老年友好型社区建设。

第二节　南昌市高新区艾溪湖管理处溪湖北社区

一、社区基本情况

江西省南昌市区艾溪湖管理处溪湖北社区位于美丽的艾溪湖西畔，风景秀丽、环境优美、交通便利。近年来，溪湖北社区积极开展为老服务工作，先后建成居家养老（颐养）之家、邻里中心、新时代文明实践点等，不断满足老年人的多样化需求，使老年人的获得感、幸福感、安全感得到有效提升，真正在社区营造老有所养、老有所医、老有所学、老有所为、老有所乐的宜居、宜养环境。

社区服务用房位于高新区万科海上传奇楼盘33栋、34栋二楼，面积1000平方米，由143平方米党员活动中心、200平方米青少年活动中心、357平方米综合活动中心、300平方米居家养老服务中心、245平方米卫生服务中心组成。辖区总户数3072户，常住人口7000余人，其中60岁以上老年人480人。近年来，社区以提升服务能力、积极为民办实事为目标，做了大量的工作，取得了一定的成绩，先后荣获市先进基层党组织、市最美志愿者服务社区、区平安社区、区文明创建先进集体等称号。

二、社区建设现状

（一）完善硬件设施

在商业方面，溪湖北社区依托周边商业中心，积极引进便利店、维修点、餐饮、生鲜超市等生活配套设施，让老年人在短距离内完成生活必需品采购，提供了足够的生活便利。在医疗方面，依托社区卫生服务中心、居家养老服务中心以及小型卫生诊所等，为老年人提供健康体检、康复训练等个性化上门服务，建立家庭健康档案，安享美好晚年生活。在教育方面，社区内建有师生规模 280 人且设施齐全的史蒂芬森幼儿园，基本满足辖区学龄前儿童就近就读的需要。同时，社区通过经常性开展关爱留守儿童、四点半课堂、科普教育、手工制作、兴趣培养等活动，让社区未成年人快乐、精彩地成长。这些举措都得到社区老年人的广泛好评，帮助他们减轻看护后辈的压力，有更多时间从事个人感兴趣的活动。在助老方面，依托社区居家养老服务中心为老年人提供送餐、代购、陪护等个性化上门服务，使老年人住得安心、舒心、暖心。

（二）加大氛围宣传

一是采取设置健康宣传栏、开展健康讲座等形式，大力宣传老年健康理念和健康科学知识。二是对老年人进行防诈骗知识与技巧宣传，提升老年人识别和防范非法集资等非法侵害的能力。三是设立公共法律服务室，为老年人提供法律援助。四是引导老年人参与社区治理，开展医疗义诊、法律咨询、修鞋理发等便民利民的志愿服务活动，推进社区志愿服务制度化、常态化。

（三）着力打造特色

一是助老爱老。社区通过多方协同，引进资源，打造居家养老服务中心，设置日托室、全托室、康复室，配备 8 张床位，为老年人提供舒适的日间照料环境，并经常性走访慰问社区老人，重要节假日开展各类形式的送温暖、送关怀活动。二是乐心舒心。社区打造老年文体中心，组建"溪湖之光艺术团"和合唱、广场舞、太极、葫芦丝、柔力球、乐器、交谊舞、旗袍秀等业余爱好社团，开展各类文体活动，丰富老年人的精神文化生活。建立老年志愿者协会，组建爱心调解团、文明宣传服务队、理发服务队、维修服务队、环保服务队、助老服务队、综合巡逻队 7 个志愿者团体，开展环境卫生集中整治、楼道杂物清理、义务理发、修理、按摩、推拿等志愿活动，弘扬"奉献、友爱、互助、进步"的志愿者精神。

第三节　南昌市东湖区百花洲街道小金台社区

一、社区基本情况

江西省南昌市东湖区百花洲街道小金台社区地处南昌市小金台路，辖区东起象山北路 166~220 号，西至杨家厂路 63~67 号，南起后墙路，北至建德观 97~141 号，占地面积 0.04 平方千米。近年来，社区先后建成居家养老服务中心、"1+5+X"邻里中心、章金媛爱心奉献团、医护康养志愿服务中心、居家养老（颐养）之家、新时代文明实践站等设施，成为远近闻名的新时代文明示范社区，获得国家级荣誉 2 项、省市级荣誉 12 项、区级荣誉 8 项。

小金台社区属纯居住社区，常住户 1196 户，常住人口 2583 人，常住 65 岁及以上老年人 210 人，其中，80 岁以上老年人 38 人，具有人口密度大、老年人居多、配套相对完善等特征。根据党的十九大报告关于"积极应对人口老龄化，构建养老、孝老、敬老政策体系和社会环境，推进医养结合，加快老龄事业和产业发展"精神，社区重点从民生问题出发，以高站位、宽眼界、阔心胸为宗旨，探索"党建+养老""党建+时间银行"服务品牌，紧紧依靠街道、社区党组织，充分发挥党组织的战斗堡垒作用和党员的先锋模范作用，积极开展"全国示范性老年友好型社区"创建工作。

二、社区建设现状

（一）居住环境安全整洁

一是通过网格化、分片区管理，干部包干到组，定期对重点人群用电和用气等进行安全检查或入户排查，排除安全隐患。二是制定应对火灾等突发公共事件的应急预案、应急工作网络图，配备防火和紧急救援设备。三是进行绿化、美化、环境卫生整治等活动。四是生活垃圾清运及时、日产日清。

（二）出行设施完善便捷

一是在老年人主要活动场地及主要通行道路上设置休息座椅，方便老年人出行。二是主要交通道路有单独的车行道和步行道，实行人车分流。三是社区步行道路路面平整，无非法占用步行道路停放车辆、店外经营、堆放物品等现象，老年人通行顺畅、无障碍。四是社区步行道路、台阶、活动场地等设置路灯等照明设施。五是社区内部车行道路连贯，且与住宅建筑的楼道口相接，能满足救护车辆通达要求。六是在老年人居住区内设置公共厕所供老年人使用。

（三）社区服务便利可及

一是社区医疗卫生机构第八医院通过家庭医生签约服务，为老年人提供基本医疗服务和基本公共卫生服务；为高龄、失能、行动不便等居家老年人提供巡诊上门医疗服务；为老年人提供康复、护理等服务；通过发放健康教育资料、宣传健康知识讲座、个体化健康指导，为社区老年人提供健康教育服务。二是通过"时间银行"居家养老服务方式，为老年人提供生活照料、助餐助行、紧急救援、精神慰藉等服务。三是社区内配备老年用品，并向老年人提供租赁、借用等服务。四是定期探访独居、空巢、失能（含失智）、重残、计划生育特殊家庭等特殊困难老年人家庭。五是设立心理咨询室，为老年人提供聊天、心理疏导、情绪抚慰、关系调适、社会融入等服务。六是通过宣传栏、讲座、微信等，开展老年人安全知识讲座，进行老年人防诈骗知识与技巧的宣传教育。七是通过社区公共法律服务室为老年人提供法律援助，帮助解决涉及老年人的纠纷及相关事务。八是建立"时间银行""学雷锋"志愿者组织，为社区有需求的老年人提供志愿服务。

（四）社会参与广泛充分

一是通过党员大会、基层协商民主、换届选举等会议，邀请60岁以上老年人参加社区居民代表会议，听取老年人的意见和建议。二是组织老年人参与公益活动，开展社区服务、环境保护、知识传播、社会治安等活动，让老年人老有所为，老有所享。三是建立老年协会、"时间银行"志愿服务队、章金媛爱心奉献团、德济爱民公益协会等老年社会组织，实行老年人自我管理、自我服务；成立老年声乐班、舞蹈队等文体团队，开展各类文化体育活动，丰富老年人精神文化生活。四是建设新时代文明实践站、文化活动中心、党群广场、图书室、棋牌室、手工坊、健康小屋、康复室等老年人活动场所，为老年人和老年社会组织开展活动提供便利条件。

（五）孝亲敬老氛围浓厚

一是小金台3号院获得市级"敬老文明号"先进集体称号，定期开展敬老爱老助老宣传活动。二是开展隔代教育、亲子活动等代际互动活动，增强代际间的文化融合和社会认同。三是定期开展邻里互助活动，鼓励邻里为有需要的老年人提供生活照料和关爱服务。

（六）科技助老智慧创新

一是社区利用信息化手段，如"时间银行"APP，实现"互联网＋养老"服务，有效对接为老服务供给与需求信息。二是帮助老年人使用智能手机，通过多种渠道为老年人提供服务。

（七）管理保障到位有力

一是在社区工作者中安排专人负责老龄工作，由社区副主任负责。二是逐步增加社区为老服务设施的财力投入，给创建老年友好型社区工作中开展各类为老服务设施和正常运营提供经费支持，每年预期投入3万元，保障创建所需经费。三是建立长效机制，纳入社区重点工作，统筹部署老年友好型社区建设。

（八）特色亮点

（1）医养结合：章金媛爱心奉献团。创新开展居家"医、护、康、养老"多方协作的"一条龙"服务模式，集10所三甲医院专科医护专家坐诊服务，开展健康咨询、慢性病管理、健康教育、心理康复、养生指导等活动来改善居民的不良习惯，必要时兼"共享医护"上门服务，让居民不出社区就能享受专家医护的科学照顾。

（2）志愿服务：德济爱民公益组织。德济爱民公益组织专门为辖区失独家庭进行"一对一""多对一"帮扶，打造江西首个民间专门关爱失独老人的公益活动"德济天使家园"。对关爱失独家庭实行"一对一"或"多对一"的服务模式，即以社区为依托，组织志愿者与老人结对，签订帮扶协议，为老人提供包户、定期、接力式亲情服务。通过生活服务，以慰问老人、献爱心陪伴、上门服务、义诊服务、心理健康咨询等服务方式，把志愿者的爱心奉献给那些内心孤独的"特殊老人们"，以实际行动陪伴这些"特殊老人们"安享晚年，让其老有所养、老有所乐。

（3）社区服务："1＋5＋X"邻里中心。小金台社区邻里中心坚持"以人民为中心"的思想理念，不断整合社区各项服务资源，丰富邻里中心"1＋5＋X"的内涵，引进专业社会组织参与社区服务和社区治理，促进教育、医疗、养老、商业、文体五类服务及若干拓展业态的关联，打造服务辖区居民的15分钟生活圈，让社区老年人低成本享受高品质邻里服务，真正惠及百姓，实现"小空间、大集聚，小平台、大创新，小载体、大服务"。

（4）社会参与："时间银行"居家养老志愿服务中心。小金台社区在全省率先启动"时间银行"居家养老志愿服务新模式，借鉴商业银行的储蓄模式和管理方式，低龄存时间、高龄取服务，全力推动养老服务供给改革。

（5）管理保障：社区网格化管理。小金台社区在公共事务便民服务的基础上，在辖区内以楼座为基点划分成6个网格，并建立网格微信群，社区工作者为管理员，每名社区工作者负责所包片区内居民家庭，做到及时掌握网格动态、规范工作流程、提供优质服务等，将服务的关口前移，实现社区服务的全覆盖、全天候和零距离，保障民生服务工作有序快速推进。

第四节　南昌市红谷滩区沙井街道鹿璟名居社区

一、社区基本情况

鹿璟名居社区位于美丽的赣江畔，东从赣江中大道西到翠林路，北从丽景路南到翠苑路，小区总建筑面积 25 万平方米，共有住宅楼 24 栋 29 个单元1784 户，已入住 1464 户 4028 人。目前，社区共有 60 岁以上的老年人 652人，其中 60~69 岁老年人 405 人、70~79 岁老年人 151 人、80~89 岁老年人78 人、90 岁及以上老年人 18 人。

鹿璟名居社区是一个成熟的社区，自成立以来先后荣获沙井街道"便民

惠民先进单位""综治维稳先进单位""人力资源和社会保障工作先进单位"等
称号。多年来，社区始终坚持党建引领、资源共享、功能整合，不断强化
"以人民为中心，一切为了人民"的服务理念，以打造15分钟生活圈为标准，
涵盖养老、幼托、文体、商业、医疗5类服务，从"油盐酱醋茶"到"衣食
住行闲"，为居民提供一站式服务，从而带来更美好的生活。鹿璟名居社区有
成熟的居家养老体系，众多的老年文体队伍，这些队伍中以党员居多，为创
建"全国示范性老年友好型社区"奠定了坚实的基础。

二、社区建设现状

（一）完善硬件设施，保障居住环境安全整洁

1. 优化老年人的居住环境

一是通过电话、微信、上户等方式，对独居、空巢等特殊老年人家庭进
行安全排查，及时排除安全隐患。二是为有需要的老年人家庭安装扶手、防
滑垫及沐浴椅，有效降低老年人生活风险。三是加强小区安防措施，安装高
清监控系统，新装220个摄像头。四是及时清运垃圾、日产日清，大力开展
各种绿化社区及环境整治活动，营造卫生清洁、空气清新的社区环境。

2. 完善出行设施，方便老年人日常出行

一是改善行路环境，修建小区主要道路。二是小区实行人车分流，有效
保证老年人的出行安全。三是修缮和改建2个凉亭及2个健身长廊，增加一
批休闲椅，实现小区的环境美。四是更新美化户外照明，新装150盏明亮的
户外灯。

（二）整合多方资源，提升为老服务质量

一是利用社区卫生服务机构定期为老年人提供生活和健康状况评估、体
格检查、辅助检查和健康指导等健康管理服务，为患病老年人提供基本医疗、
康复护理、长期照护等服务；同时为高龄、失能、行动不便等居家老年人提
供上门医疗服务。二是建立定期巡访独居、空巢、留守、失能老年人的工作
机制。三是采取健康宣传栏、健康讲座等多种形式，大力宣传老年健康核心
信息，普及健康老龄化理念和健康科学知识。四是定期开展老年人防诈骗知
识与技巧宣传教育工作，提升老年人识别和防范非法集资等非法侵害的能力；
通过设立公共法律服务室，为老年人提供法律援助等公共法律服务。五是提

倡老年人参与社区治理，积极参加社区各项志愿服务活动，通过开展医疗义诊、法律咨询、修鞋理发等便民利民服务，扎实推进社区志愿服务制度化、常态化。

（三）着力打造特色，建造幸福之家暖民心

一是依托"社区邻里中心"平台，建设幸福、和谐鹿璟名居社区。通过多方协同，将最好的资源引进"社区邻里中心"，使得"社区邻里中心"具备完善的居家养老场所，设有日托室、全托室、康复区，配备21张床位，为老年人提供舒适的养老环境。专业的健康小屋为老年人身心健康保驾护航。文体中心为老年文艺队提供便利场所，丰富老年人的精神文化生活。在这里托管的老年人既可以享受到专业养老机构无微不至的照护，也可以享受到文体中心、健康小屋带来的便捷和关怀，他们在这里能够真正地老有所医、老有所学、老有所乐、老有所为。二是组建大大小小共11支老年文艺队伍，例如舞蹈队、腰鼓队、合唱团、乐器队、京剧队等，将党建和文化融合在一起，成立文艺特色党小组，将红色文化元素融入社区文体活动。魅力金秋队、合唱团多次代表社区参加市区街道比赛，频频拿奖。通过开展各类文体活动，丰富老年人的精神文化生活，增加居民的凝聚力，更重要的是提升居民对社区工作的参与度与认可度。

（四）完善制度，强化管理保障到位有力

一是在社区工作者中配备专人负责老龄工作。二是逐步增加社区为老服务设施的资金投入，加大社区各类为老服务设施的建设。三是建立老年友好型社区建设长效机制，更好地将鹿璟名居社区打造成老年友好型社区。

第五节　南昌市南昌县八月湖街道杨家湾社区

一、社区基本情况

杨家湾社区地处南昌县八月湖街道中心繁华地段，辖力高国际城五期。2018年12月成立杨家湾社区党支部及居委会。小区占地10万平方米，南起

东岳大道（原象湖路），北至小洲路（原芳华路），西接保集半岛御河湾，东临诚义路，共 15 个楼栋，28 个单元，可容纳 2549 户居民，有企业及商铺 167 家。截至 2020 年 11 月已入住 2200 余户 7000 余人，老年人约 1000 余人。社区先后获得全国综合减灾示范社区、全省综合减灾示范社区、市五星级"六型"工会、市"绿色社区美丽家园"创建活动示范社区、县创建全国文明城市工作先进单位、县党组织党的建设综合先进单位、县十大文明幸福社区、县十大和谐平安社区、县十大绿色示范社区、县"三风"精品示范点、县最美志愿服务社区、县第六批"学雷锋活动示范点"等荣誉。

二、社区建设现状

（一）改善老年人的居住环境

杨家湾社区在小区物业管理处对新入住的空巢老年人装修住房的空间布局、地面、扶手、厨房设备、如厕洗浴设备给予提醒，降低老年人生活风险；成立社区防火和紧急救援队伍，完善小区住宅楼特别是老年人住房楼道防火和紧急救援救助设施。社区新时代文明实践站联合力高物业定期开展独居、空巢、留守、失能（含失智）、重残、计划生育特殊家庭老年人家庭用水、用电和用气等设施安全检查，对老化或损坏的设施及时进行改造或维修，排除安全隐患。社区常态化开展楼道清理和杂物整治活动，加强社区生态环境建设，大力绿化和美化社区，营造卫生清洁、空气清新的社区环境。

（二）方便老年人的日常出行

杨家湾社区加强辖区老年人住宅公共设施无障碍改造，重点对辖区内坡道、楼梯、电梯、扶手、单元门口铺设吸水砖等进行改造，保障老年人出行安全；及时修复破损小区道路、休憩设施、服务设施等与老年人日常生活密切相关的设施和场所的无障碍建设；常态化开展楼道内电动车乱停堵塞楼道整治活动，积极协调新建电动车棚；实现了小区出入口智能识别道闸、人车分流模式，机动车全部停放在地下车库，小区路面安装缓冲带。

（三）提升为老年人服务的质量

杨家湾社区联合南昌大学一附院、辖区怡邻护理服务中心等定期为老年人提供生活方式和健康状况评估、体格检查、辅助检查和健康指导等健康管理服务，为患病老年人提供基本医疗、康复护理、长期照护、安宁疗护等服务；联合辖区怡邻护理服务中心开展老年人群营养状况监测和评价，制定满足不同老年人群营养需求的改善措施；深入推进医养结合，为老年人提供多种形式的健康养老服务；利用怡邻护理服务中心日间照料及社会化资源为老年人提供有偿生活照料、助餐助浴助洁、紧急救援、康复辅具租赁、精神慰藉、康复指导等多样化养老服务；广泛开展以老年人识骗、防骗为主要内容的宣传教育活动；建立老年人名单，制定定期巡访慰问独居、空巢、留守、失能（含失智）、重残、计生特殊家庭老年人等的工作机制；开展新冠肺炎病毒防预知识宣传和发动新冠疫苗接种预约工作。

（四）扩大老年人的社会参与

杨家湾社区引导和组织老年人参加社区民情理事会，积极探索"1 + 3 + N"管理"多元联动共治"机制，搭建协商议事平台，主动参与社区建设和管理活动，参与社区公益慈善、教科文卫等事业，积极支持成立社区老年协会，广泛发动老年人开展自助、互助和志愿活动，充分发挥老年人的积极作用；制定符合社区实际情况的杨家湾社区居民公约，聆听居民微心愿，提高业主主动参与的积极性，进一步化解"业主和物业共处难题"；落实民生微实事，解决小区电动车乱停乱放、新建电动车棚等百余件老百姓揪心事、操心事，拉近干群关系；围绕"五同工作法"深入开展"无传销社区"创建活动，特别是自 2019 年 4 月南昌县开展打击传销专项斗争工作以来，共捣毁传销窝点 82 个，清退涉传人员 327 人；进一步清除影响社会安全稳定的不利因素，营造和谐稳定的社会环境，加强基层党组织建设，彻底铲除黑恶势力的滋生土壤。

（五）丰富老年人的精神文化生活

杨家湾社区因地制宜地打造了"1 + 5 + X"邻里中心，面积 700 平方米，一共四个馆——汇乐邻里、睦邻客厅、近邻食堂和邻里学堂，可惠及辖区居民 7000 余人。"1 + 5 + X"邻里中心设有职工阅览室、老年人活动中心、教育培训室、普法讲堂、科普活动室、书画室、棋牌室、电子阅览室、舞蹈瑜伽室等功能区，为老年人和老年社会组织参与社区活动提供必要的场地、设施，满足老年人社会参与需求。社区丰富老年教育内容和手段，积极开展老年人思想道德、科学普及、休闲娱乐、健康知识、艺术审美、智能生活、法律法规、家庭理财、代际沟通、生命尊严等方面的教育。社区还组织多种形式的社区敬老、爱老、助老主题教育活动，加大对"最美婆婆"和"敬老爱老助老家庭"的评选活动。开展"我们的节日"——春节、端午节、中秋节、重阳节等传统节日主题活动和文明城市创建工作。

第六节　南昌市青云谱区青云谱镇青英社区

一、社区基本情况

青英社区位于南昌市朱桥东路以北，西临南莲路，东临航空路，南靠前万村，小区总用地面积约 145 亩，分 3 期，建有 40 栋住宅，共 1424 户，划分了 6 个网格管理，入住率达 80%左右。目前常住户约 1100 户，60 岁以上老年人约 582 人。小区临街一层为商业网点，设幼儿园一所，地下停车场一个，内部交通四通八达，社区绿化覆盖率达到 36%，环境优美，长期以来得到居民的喜爱。青英社区经过一段时间的探索，努力共建一个健康多彩、积极科学的老年生活社区，切实提高了老年人的获得感、幸福感、安全感。

二、社区建设现状

（一）完善社区环境

为给老年人营造舒适、整洁、优美的生活环境，青英社区定期开展环境整治、消防排查活动，生活垃圾及时清运，无卫生死角。例如，2020 年 1 月 19 日，青英社区组织志愿者在辖区内开展迎新春大扫除活动；2020 年 7 月 30 日，青英社区组织志愿者在辖区内开展"环境卫生"整治活动。社区内还设置了休闲亭、休闲健身器材、休息桌椅，修建了健身步道，将步道与绿化环境相结合，营造了一种院中漫步的氛围。社区道路及楼栋照明设施正常，辖区道路达到消防要求，可供消防、救护车通行，且无道路不平整和占用步行道的现象。辖区休闲广场附近 10 米内还设有公共厕所，以满足居民的需要。社区电梯设置正常，并且常年定期进行维修和护理，确保安全使用。为增强孤寡老人的火灾安全防范意识，消除安全隐患，青英社区还定期开展消防安全隐患排查活动，对多户孤寡群众家庭的厨房、卧室、阳台等存在火灾隐患的地方进行排查，给居民发放《居民防火手册》等相关宣传资料，并告知老年人日常用火用电的安全常识，以提高老年人的消防安全意识。

（二）建立社区居家养老服务网络

青英社区因地制宜实行场所建设"四个一标准"，即搭建一个服务平台、配备一批设施设备、完善一套管理制度、培育一支服务队伍。

1. 搭建一个服务平台

以社区居家养老中心为依托，建设一个老年人服务科学化平台，整合资源，建立和完善社区居家养老服务网络。根据老年人实际需要，建设综合性居家养老服务站点等基础性服务设施，大力推动专业化的老年医疗卫生、康复护理、文体娱乐、信息咨询、老年教育等服务项目的开展，构建社区为老服务网络，为老年人提供就近就便的多种服务。

2. 配备一批设施设备

社区居家养老中心配备了老年人日托用房，合理布局老年人活动区域的空间，完善空间地面、扶手、厨房设备、如厕洗浴设备、紧急呼叫设备等，对相应设施进行适老化改造、维修和配备，降低老年人活动空间风险。建立社区防火和紧急救援网络，完善老年人住宅防火和紧急救援救助功能。

3. 完善一套管理制度

社区成立关爱老年人工作领导小组，以党支部书记为第一责任人，重点抓好老年人工作，充分发挥党建引领的作用。在日常管理中，采取"老人自我管理为主、社区监管指导为辅"的形式，注重挑选有威望、热心公益、身体条件允许的老党员、老干部担任站长，并将日常管理逐步移交给"入站"老人组成的理事会，实现由组织管理向自我管理、自我服务、自我保护、自我教育转变。

4. 培育一支服务队伍

社区充分利用辖区单位的资源优势组建一支老年人志愿服务队，联合共建医院、辖区诊所、护理站及其他医疗机构，定期提供义诊、陪诊、送医上门、送药上门等服务；对特殊老人（高龄、独居、失能、失智）及困难人群在精神和物质上提供帮扶，使其感受到党和国家的关爱，提高服务对象的获得感和幸福感。对于每个服务对象采取个案管理，每月进行一次电话慰问，每月一次常规入户探访，探访时可提供日常生理体征监测、理发、修指甲等护理服务，还可由社工、心理咨询师及志愿者提供精神慰藉服务，随时关注老年人身心健康。

（三）丰富老年人的精神文化生活

青英社区党支部依托居家养老空间打造社区老年大学，拓宽老年人学习成长途径与交友途径，促进老年人老有所学，从而加强老年人社会支持网络。聚焦回应老年人没事干、无聊感的需求，青英社区成立老年人兴趣小组、老年人艺术团体等，通过不断创新丰富老年教育内容和方式，依托各大重要节日，积极开展老年人思想道德、科学普及、休闲娱乐、健康知识、艺术审美、智能生活、法律法规、家庭理财、代际沟通、生命尊严等方面的教育，丰富老年人日常文娱康乐生活的同时，实现老年人老有所为。

（四）提升辖区敬老、爱老、助老氛围

为引导辖区居民弘扬敬老、爱老传统美德，青英社区创新打造每月一次的"老年人生日会"特殊老年服务活动。活动开展前期，社区先对辖区内年满60岁的老人进行走访了解，通过多种形式征求意愿，确定每月12日为社区老年人举办一次集体生日会。生日会开始前，社区通过海报、展架进行宣传，再由楼栋长、志愿者上门发送邀请函，把当月过生日的老人请到活动现场。大家欢聚一堂，邻里相伴。

为倡导老年人在新时代凝聚正能量、弘扬新风尚、传承好家风，社区也会不定期开展"敬老文明号""敬老、爱老、助老""最美家庭""五好家庭"等模范人物的宣传和评选活动，强化子女的尊老敬老意识。对不履行赡养义务的子女，社区对其开展批评教育，从而提升老年群众的生活幸福指数，营造浓厚的"敬老、爱老、助老"社会氛围。

（五）科技助老，智慧养老

当代互联网、大数据、人工智能等信息技术快速发展，给人们生活带来便利的同时，也让老年人面临"数字鸿沟"的困境。青英社区多方破冰，不定期组织参加现代化科技讲座，例如，开展手把手智能手机使用讲座，帮助老年人跨过科技的鸿沟；同时提高社区为老服务信息化水平，利用社区综合服务平台，有效对接服务供给与需求信息；为老年人提供方便的智慧健康养老服务，随时随地满足老年人的个性化需求及充分享受科技带来的数字新生活，让更多的老年群体尽快融入智能生活。让老年人享受科技发展的成果，不仅要靠新技术，更要靠人情味来引领新技术，让技术变得有温度，这对于构建老年友好型社区有着非常重要的意义。

第二章
赣州市城乡老年友好型社区建设现状

第一节　赣州市章贡区解放街道和平路社区

一、社区基本情况

赣州市章贡区解放街道和平路社区位于解放街道东南部，辖区总面积0.28平方千米，整体地域呈"8"字形。辖区现共有居民1096户2918人，其中，老年人987人，占总人口的33.8%。近年来，和平路社区在解放街道党工委、办事处的领导下，大力加强阵地建设，聚力民生保障，持续引进社区居家养老、"时间银行"、城市书屋等新型老年服务项目，社区老年服务水平有了较大提高。社区荣获2018年全国"智慧健康养老应用示范点"，2017~2018年度江西省"绿色社区"示范社区，2019年赣州市"全国文明城市建设工作先进集体"，2019年赣州市"优秀志愿服务社区"，章贡区国家慢性病综合防控示范点"健康社区"等称号。

二、社区建设现状

（一）强领导、广宣传，确保创建活动顺利开展

在章贡区委、区政府，解放街道党工委、办事处的领导下，社区成立了老年友好型社区创建工作领导小组，确定专人负责老龄及社区创建工作。社区始终坚持"党建＋养老服务"，综合统筹辖区各类资源力量为老年人提供服

务。社区还建立了"时间银行"志愿服务机制、定期探访制度，确保更好地
为辖区老年人开展各项服务。

社区充分利用宣传栏、横幅等传统宣传方法以及网络、微信等各类新型
宣传渠道，大力倡导"积极老龄观、健康老龄化、幸福老年人"的理念，广
泛宣传老年友好型社区创建工作。

（二）强整治、改环境，打造环境优美宜居社区

2020 年，社区启动老旧小区改造项目，对生佛坛前 1 号、3 号、5 号、7
号、11 号、13 号老年人居住较集中的小区进行改造。社区着重对老年人居住
环境进行了改造，对路面进行整平修复，保障了老年人的出行；对老旧损坏
的消防设施、扶手进行修复，消除了安全隐患；拆除了 18 间柴间，利用空坪
打造了老年人活动小广场，并增添了老年人健身器材，增加了绿化面积；实
现了社区防火和紧急救援的网格化管理，并定期对老年人开展安全教育。为
了方便老年人出行，社区针对老城区楼房无电梯的实际情况，积极推广楼栋
加装电梯等相关工作，在社区的努力下，现健康路 4 号电梯安装申报程序已
经完成，即将安装。在 2021 年老旧小区改造计划中，特别针对老年人出行进
行专门设计，对 5 栋楼房、8 个单元口进行无障碍改造。社区还定期对路面、
楼道进行清理，确保老年人出行方便。

（三）强服务、融资源，提升老年人服务质量

社区始终坚持"党建 + 养老服务"，综合统筹辖区各类资源力量为老年人
服务。解放地段医院开展家庭医生签约服务，免费为 60 岁以上的老年人进行
身高、体重、腰围、心肺、腹部等体格检查和血常规、尿常规、肝功能、肾
功能、空腹血糖、心电图、B 超、胸透等辅助检查，做到无病早预防，疾病
早发现、早干预、早治疗，全面掌握社区 60 岁以上老年人健康状况及影响健
康的主要因素，对患者进行健康指导，实施疾病治疗，定期开展高血压等慢
性病的自我管理小组活动，并为失能、行动不便的老年人提供上门医疗服务，
切实提高老年人健康水平，改善生活质量，真正做到关爱老人。

和平路社区引进了第三方养老服务机构——添福养老服务中心，对老年
人开展日间照料以及提供生活照料、助餐助浴助洁、康复辅具租赁、精神慰
藉、康复指导等多样化服务，三年来为超过 1800 名老年人提供了各项服务。

和平路社区成立了志愿服务队伍，制定了"时间银行"志愿服务机制，

鼓励社区居民以及有相关专业知识的人员对老年人开展各类服务。社区还定期为老年人开展各类讲座，如健康教育、消防安全、防范违法集资和电信网络诈骗等知识讲座；利用"一社区一队"为老年人提供法律咨询、调解老年人纠纷等服务；建立了"和我说"茶聊室，为老年人开展心理疏导、情绪抚慰、关系调适、融入社会等服务。社区也建立了定期探访制度，组织志愿者定期上门对独居、空巢、失能失智、重残和特服家庭进行探访，了解其生活需要，帮助其解决相关困难。

社区大力推广普及智慧养老 APP，通过线上方式为辖区老年人提供服务，同时通过网络手段，为老年人提供健康教育、养生等知识推送，让老年人足不出户享受各项服务。

（四）强文化、谋载体，丰富老年人活动形式

和平路社区成立了老年银发志愿者队伍，参与社会治理和服务，在创建全国文明城市和全国卫生城市中积极开展志愿服务活动，在重点节日开展各类活动；同时加强老年人参政议政意识，在社区选举居民代表时，提高老年人的参与率，目前和平路社区居民代表中老年人占 1/3 以上。此外，社区还积极开展"最美家庭""五好家庭"等评比活动，大力弘扬孝老敬亲传统美德。

和平路社区联合添福居家养老服务中心，于 2017 年成立了和平路社区添福老年大学，占地 700 余平方米，开办了民舞、声乐、广场舞、书画、乐器、太极拳等丰富多彩的课程，现有学员超过 1000 人，覆盖全章贡区。通过开设老年大学，极大地丰富了老年人的精神文化生活。

第二节　赣州市信丰县嘉定镇花园路社区

一、社区基本情况

花园路社区位于县城南部，辖区面积 1.8 平方千米，社区办公室位于中学路城南花园 9 号楼，面积 668 平方米，辖区共 2811 户 8158 人，有 60 岁以上老年人 533 人，辖区独居、空巢老人较多，大多数为在家带孙老人。

二、社区建设现状

（一）改善社区环境

为建设适合老年人居住的社区环境，花园路社区进行了适老化改造。如在小区内设置无障碍电梯和无障碍通道，在老年人活动场所设置休息椅、照明设施，修建公共厕所，平整、清洁路面，为老年人的出行和休闲提供便利。社区定期派志愿者对独居老人的家庭用电、用水、用气、设施安全等进行入户排查，社区内配备了防火和紧急救援设备，保障老人的居住安全。社区对老年人家庭的地面、扶手、如厕洗浴、厨房设备等进行了适老化改造，为老年人的日常生活提供了便利。

（二）提升服务质量

社区通过老年人活动中心、同益卫生院等定期为老年人提供生活方式和健康状况评估指导，为患病老年人提供基本医疗、康复护理、安宁疗护等服务，开展老年人群健康状况监测和评价，制定了满足不同老年人群健康需求的改善措施。社区深入推进医养结合，支持社区卫生服务机构、同益卫生院内部建设医养结合中心。社区日间照料中心及相关社会化资源为老年人提供了生活照料、助餐服务、紧急救援、精神慰藉、康复指导等多样化的养老服务。社区干部还帮助老年人使用智能产品，定期看望独居老人。社区居家养老服务中心工作人员还为社区失能老人提供照护服务，定期探访特殊困难老人。

（三）丰富老年人生活

为丰富社区老年人的精神文化生活，满足社区老年人特别是独居、空巢老人的精神需求，社区开展了一系列活动。例如，社区成立老年学校、夕阳红艺术团、老年人合唱团等老年人文艺团体，设立图书阅览室、老年人活动中心、观影室、书法室、非遗文化馆等，满足了老年人的精神文化需求。社区还鼓励老年人参加社区治安巡逻，举办社区老年人关心下一代活动，让老年人为小朋友们讲述革命英雄故事、诵读红色家书、教授中国传统书法，鼓励社区老年志愿者参与疫情防控，组织社区老年人到信丰福利院参加慈善活动，组织社区老党员、老年志愿者参加"反洗钱晚会"，提升了老年人的社会参与度。

第三节　赣州市兴国县平川社区

一、社区基本情况

平川社区成立于 2005 年 10 月，位于兴国县中心城区，东起长冈路，西至筲箕路，南至平川大道，北至澄塘新区，占地面积 2.8 平方千米。社区现有干部 7 人，辖区共有 5026 户 15915 人，暂住人口 6203 人，居民小组 13 个，党小组 3 个，社区党组织党员 112 人，残疾人 179 人，优抚对象 43 人，城镇贫困群众 256 户 546 人，其中，特困人员 13 户 13 人（其中 1 人为集中供养），低保人员 266 户，是县贫困和老年人口最多的一个社区。目前社区 60 岁以上老年人 2159 人，80 岁以上老年人 311 人，辖区独居、空巢老人较多。2022 年来，社区以老年人需求为工作出发点和落脚点，提出了社区居家养老、十分钟养老服务圈理念，努力打造情系百姓、配套齐全、服务完善、生活便利的老年友好型社区。

二、社区建设现状

（一）领导重视，主动谋划在前

创建老年友好型社区是加强基层基础工作和社区建设的有效途径，是为人民群众办实事、办好事的重要举措。社区两委班子高度重视创建工作，结合社区实际，从理清工作思路和搭建工作平台两个方面加强组织领导。在理清工作思路方面，社区以"政府搭台，机构参与，老百姓受益"的社区居家养老工作理念，积极应对老龄化社会现实，营造友好的老年社会环境，人人知老、尊老、爱老、护老，创造一个老龄友好型社会，使人人都能乐享高质量、有尊严的晚年生活。在目前及未来相当长的时期，居家养老仍是我国的主流养老模式。所以，营造宜居的日常生活环境、建设相应的配套设施、配备必要的公共服务项目等，将理解、尊重、关爱、体贴老年人的理念体现在社会生活的细节里，是建设老年友好型社会的基础，进而切实为老年人创造幸福生活的栖居之地，让社区老年人真正体会到宜居幸福。在搭建工作平台方面，社区成立了以社区党委书记、主任为组长，社区副书记为副组长，两委班子成员参与的创建领导小组。社区还研究制定了创建工作方案和创建工作时间进度表，做到责任到人，工作落实到位。

（二）加强宣传，以舆论宣传为主导

社区加大对老年友好型社区创建工作的宣传力度，发起"创建老年友好型社区"倡议，开辟宣传栏、挂横幅等宣传阵地，通过问卷调查、入户沟通等形式大力宣传创建老年友好型社区的重要意义。自开展创建老年友好型社区活动以来，共发放倡议书2700余份，悬挂横幅5条，制作宣传展板3块，营造了浓厚的舆论氛围，增强了居民群众对创建工作的认识，提高了他们的参与热情，做到了创建工作"人人知晓，人人参与"。

（三）加大投入，适老化改造，注重创建实效

2021年，平川社区作为老年人居家适老化改造工程试点，采用多项举措打造智能化"适老改造示范社区"，县民政局加大硬件和软件投入，共计投入50余万元。一是地面改造，从防滑处理、高差处理、平整硬化、安装扶手等方面提高安全性，辅助老年人通过，避免老年人滑倒。二是门改造，在门槛移除、平开门改为推拉门、房门拓宽、下压式门把手改造、安装闪光振动门铃等方面进行改装，保证老年人进门无障碍，方便老年人开门。三是卧室改造，通过配置护理床、安装床边护栏（抓杆）、配置防压疮垫，辅助老年人生活。四是如厕洗浴设备改造，通过安装扶手、蹲便器改坐便器、水龙头改造、浴缸沐浴房改造、配置淋浴椅等方式辅助老年人洗澡，避免老年人滑倒，提高安全性。五是厨房设备改造，改造台面、加设中部柜等，方便老年人操作和取放物品。六是物理环境改造，安装自动感应灯具、改造电源插座及开关、安装防撞护角和提示标识、配置适老家具，方便老年人日常生活。七是老年人用品配置，安装手杖、轮椅、放大装置、助听器、自助进食器具、防走失装置、安全监控装置，辅助老年人日常生活。

（四）居家养老服务，延伸服务功能

（1）居家养老服务中心标准化建设。社区按"六室一场一厨"的设置，加强硬件设施的建设，进一步完善老年人服务中心功能建设，引进服务机构为老年人提供生活照料、康复护理、助餐服务等专业化、个性化服务。

（2）打造"10分钟生活服务圈"。整合社区内能够为老年人提供优质服务的、信誉良好的单位、社会组织、个体商户，针对老年人实际生活需求，建立以老年人为主体、以社区为平台、以辖区单位和专业社会组织为依托、以个体商户为补充的全方位、多层次、多类型的助老生活服务圈。

（3）探索构建个性化服务，开展"银龄结对互助"。社区在15户高龄、孤寡、独居老人家中安装报警铃、定位系统。一旦出现意外，老年人能迅速报警，在同一门栋的帮扶志愿者能够在1分钟内迅速赶到老人家中，以防意外。此外，社区建立了空巢（独居、孤寡）老人信息库，建立一人一档、开展一对一结对、进行每日一访，为孤寡老人打造全方位的服务保障网络。

（五）搭建平台，科普宣传进社区，科学养老

为响应党的"科普宣传进社区"号召，县老科协教育专委会与平川社区合作，自2013年起将平川社区定为"科普宣传进社区"的宣传示范基地。2013~2022年得到了县老科协教育专委会的大力支持和党员群众的积极参与，使基地的宣讲活动有声有色，得到了广大群众的热烈欢迎和好评，丰富了老年人的精神文化生活，也完善了老年人的健康养老方式。为了把这个科普基地办得更好，社区做到了"三定"，即定时间、定人员、定内容，没有落空一次。在内容上也紧跟形势，不断提高宣讲质量。如在宣传党的方针政策方面，宣传"十九大精神""浅谈抗美援朝精神"；在弘扬红色文化、进行革命传统教育方面，宣讲了《一个老红军的初心》《弘扬红色文化，保持吃苦精神，当好革命接班人》《浅谈社会主义核心价值观》；在传播古典文化方面，作了《对联知识讲座》；在抗击疫情方面，带头捐资支持抗疫，宣讲了《戴口罩并不是一件不光彩的事》；在提高健康水平和卫生知识方面，宣讲了《饮食卫生与健康》《我的五自生活》《心态好是健康长寿的秘诀》《烦恼是自己找的》《浅谈平衡养生法》《预防比治疗更重要》等；在培育好心态方面，社区还教唱了革命歌曲，教跳了广场舞，与社区群众大联欢。同时还与社区党群工作密切结合起来，调动了广大群众的积极性，每次到会都有40人以上，整个讲堂挤得满满的，此类宣讲活动让广大群众有更高的获得感和幸福感，营造出浓厚的"老有所学，老有所乐"氛围。

第四节 赣州市龙南市城市社区管理
委员会中山社区

一、社区基本情况

中山社区辖区面积 1.5 平方千米，常住 4044 户 15053 人，社区在册的退休干部职工 578 人，领取城镇居民社会养老保障 7 人，农村进城领取新型农村社会养老保险约 200 人。辖区内设有公立医养中心、社区红十字会博爱家园（健康养老服务点）和社区居家养老中心。社区每月组织一次老年人免费体检、每两个月最少开展一次健康养生知识讲座。

二、社区建设现状

（一）社区环境改造

中山社区出行道路设施应改尽改，下南门道路、下水道、立面、管线的改造，投资 750 万元，2021 年 3 月完工；中山路、兆丰街道路白改黑、雨污分流，投资 1200 余万元，2020 年底已完工；中华商贸城片区道路白改黑、雨污分流，2020 年底已完工。社区定期安排工作人员排查住户住房安全隐患，并对存在隐患的位置进行了相应整改。中山社区还设立了防火和紧急救援网络，并制订了社区消防安全应急预案。社区不断加强环境卫生整治，生活垃圾做到了日产日清，还建有室外活动广场、社区健身体育广场，能够满足居民日常活动需要。

（二）社区服务完善

社区培训相关工作人员运用"江西人社"APP 为社区退休居民进行在线年审，使社区老年居民足不出户办理年审服务，社区还运用医保微信公众号帮助老年居民在线办理缴纳、查询居民医保服务。社区为老年居民提供健康体检服务，为老年居民进行身高、体重、血压、血脂、尿酸等项目的常规检查，使社区老年居民能方便、及时掌握自己的健康信息。社区新添置了老年健康综合检测仪、心肺复苏仪、音乐治疗椅、心理康复沙盘、健步仪等现代科技仪器，助力老年居民的健康需求。社区还开设了老年心理咨询服务室、治疗室，帮助社区老年居民解决一些常见的心理健康问题，进一步促进老年居民的身心健康，提高老年居民的生活质量。社区家长学校每年定期为社区老年居民进行健康保健、疾病防治、用药安全、防诈骗等相关知识的讲解和培训，受到居民群众的好评。社区还设有孝老食堂，定期为需要服务的老年居民提供孝老午餐、晚餐服务，解决部分子女上班、老年居民不方便做饭的实际困难。

（三）社会参与广泛

社区居民积极组建 8 支健身舞队，引导居民自发参与群众健身活动。社区组织腰鼓队、柔力球队、太极拳队，引导、带领社区老年居民积极参与，带动更多居民加入健身行列。社区还积极引导和组织老年人参与社区建设和管理活动，参与社区公益慈善、教科文卫等事业，支持老年人广泛开展自助、互助和志愿活动，充分发挥老年人的积极作用。例如，中山社区居委会组织老年人向中华商贸城周边居民及门户商店进行爱护环境卫生的相关宣传、组织老年人安全巡逻队对社区进行日常巡逻、组织老年人开展车辆摆放整治活动等。社区因地制宜改造或修建综合性活动场所，配建有利于各年龄群体共同活动的健身和文化设施，为老年人和老年社会组织参与社区活动提供必要的场地、设施和经费保障，满足老年人社会参与需求。例如，社区图书阅览室、棋牌室每天吸引大批居民学习知识，寓教于乐，构建和谐邻里关系，共建文明社会。

第五节　赣州市经济技术开发区黄金岭街道杨梅村

一、社区基本情况

杨梅村位于赣州经济技术开发区华鑫路与金帅路交叉口，距黄金岭街道 2 千米，属于城市建成区，下辖杨梅一、二、三期及紫荆 4 个返迁安置小区，

2020 年共 1544 户 5770 人，其中 60 岁以上老年人约 960 人。杨梅村设 31 个村民小组，辖区内主要分布汉族、畲族两个民族，其中汉族人口占 98%，共有邹、黄、谢、刘、陈、严、袁、汪、林、蓝等 27 个姓氏。小区内设有老年活动室，室外配有健身器材，方便小区村民锻炼身体和闲暇娱乐，周边幼儿园、小学、农贸市场、公园、村卫生配套设施也较为完善，交通便利，宜居、宜商、宜学、宜业。

二、社区建设现状

（一）强化组织领导，加强宣传力度

在上级部门高度重视下，杨梅村成立了老年友好型社区创建工作领导小组，确定专人负责老龄及创建工作，统筹协调辖区各类资源力量，完善"党建＋居家养老服务"，确保更好地为辖区老年人开展各项服务。通过各种宣传途径加强宣传力度，例如开展各类活动、挂横幅、建立微信群和公众号等，大力倡导"尊老、敬老、爱老、养老"的理念，发扬中华民族的传统美德，通过广泛宣传为创建老年友好型社区打下良好的基石。

（二）整改居住环境，完善出行设施

杨梅村全村整体拆迁后，规划家家户户通自来水，保证了老年人取水安全、便利。村干部及物业管理人员定期入户排查独居老人家庭用水、用电、用气设施安全，对老化或损坏的设备进行了改造维修，排除了安全隐患。村内各小区设置了垃圾分类点，物业人员每天及时清运小区生活垃圾，保持卫生清洁、空气清新的生活环境。杨梅村各小区路面已进行硬化处理，路面平整安全，村民出行安全便利，小区主要干道、活动场所都已安装照明工具，方便了村民的安全出行和生活锻炼。各小区在活动场所设置了休息空间和座椅，并在主要活动场所设置扶手等安全阻挡设施。各小区还修建了无障碍公厕，为特殊人群提供了便利。

（三）协调统筹资源，提升服务质量

黄金岭街道社区卫生服务中心和杨梅村卫生室实行一体化管理，为老年人提供便利的基本卫生服务。村内各小区还定期开展义诊活动，为老年人进行体格检查、健康指导、健康咨询。杨梅村卫生室组织开展健康宣传、普及健康知识讲座，并传授一些日常急救小知识，时常派医护人员和爱心人士对

特殊困难老年人定期上门入户健康检查。杨梅村还创建了居家养老活动中心，为老年人提供了优良的养老服务。居家养老活动中心设有农家书屋、健康小屋、影视区、棋牌区、桌球区，环境舒适，还开办了幸福食堂，85岁以上老年人免费就餐。杨梅村还通过各种形式在老年人群中开展防诈骗知识与技巧宣传教育活动，开展老年人权益保障法规宣传教育工作，提高老年人的自我防范意识，增强老年人依法保护自身合法权益的意识。杨梅村还设立公共调解室为老年人解决民事纠纷和法律援助。

（四）增强社会参与，营造孝老氛围

杨梅村邀请老年人参与村民代表会议，充分听取老年人的意见、建议，鼓励老年人积极参加公益性活动。杨梅村还成立了老年协会，组建了巾帼志愿者队伍，老年协会有文艺队、门球队，组织老年人参与活动。村内设置了"杨梅村乡村大舞台"，充分展现老年人的风采，还设立了红色影院，邀请参战老兵给青少年讲述红色故事。杨梅村大力宣传孝老爱亲典型模范，举办重阳节孝老敬亲活动，宣传孝老敬亲美德，传承孝道好家风。为进一步提升农村养老服务信息化水平，杨梅村组织开展老年人"智慧助老"活动，村志愿者还经常为老年人讲解如何使用智能产品，解决了老年人不会使用智能产品的难题。

第六节　赣州市章贡区沙河镇五龙村

一、社区基本情况

五龙村位于赣州市章贡区沙河镇南部，南临赣州火车站，北临赣南贸易广场，是赣州市火车站窗口第一村，占地面积4.2平方千米。现有村两委干部7人，下辖10个村民小组，辖区村民377户，共计1707人。五龙村设党总支，下辖6个党支部，共有正式和预备党员89人。五龙村有贫困户1人，低保户23人，60岁以上老年人216人，五保孤寡老年人1人。社区已完成路面全硬化，实现了"户户通"，并设有专门的老年活动室、老年法律服务站及两个健身场所，供老年人休息、健身、娱乐。五龙村先后获得以下荣誉：全国创建文明村镇工作先进单位、全国文明村镇、全国民主法治示范村、全国服务基层农民先进单位、全国妇联基层组织建设先进村、全国服务农民服务文化先进集体、2017年全区创建全国文明城市工作先进集体、2017年区农村环境整治先进集村、2017年乡风文明建设工作先进村、赣州市第十届文明村镇、2020年全区发展集体经济先进单位。

五龙村为解决全村老年人老有所依、老有所养、老有所乐的实际问题，提出了社区与家庭综合养老，共同营造爱老、敬老、孝老的社会新风尚，打造配套齐全、服务完善、生活便利的老龄友好型社区。

二、社区建设现状

（一）强自治，保障居住环境安全整洁

为保障社区环境安全整洁，五龙村已成立村民自治小组，定期巡查监督。目前五龙村已实现自来水入户，确保了老年人取水安全和便利，村干部会根据工作安排定期入户排查留守老人用水用电等设施，排除安全隐患。从1993年京九铁路建设开始，五龙村全体村民陆续进行返迁地安置，2004年已全面实行城市小区化，小区内道路设施在建设完成时已全面硬化并建设安装限速设施，每户村民房屋内都配有家庭厕所，家庭生活污水并入城市污水管网。五龙村的日常生活垃圾由玉禾田环境发展集团股份有限公司以定时定点固定清运的方式进行清运作业，建筑垃圾由本村村民自治小组巡查清理。春节等节假日可能出现垃圾量倍增的情况，村民自治小组也会增加巡察清理力度，将生活、建筑垃圾及时清理，确保垃圾日产日清，为居民营造干净整洁的村容村貌。五龙村推进住房适老化改造，目前已对有需求的老人增加扶手设施。

（二）抓制度，提升为老服务水平

五龙村两委高度重视创建工作，成立了以党总支书记为组长的老年友好型社区领导小组，为五龙村的创建工作提供组织保证，并设置专项资金用于老年人活动与服务。目前，五龙村老年人人数不断增加，为满足老年人老有所依、老有所养、老有所乐的现实需要，五龙村从制度上保障老年人合法权益，全面改善老年人的生活条件。五龙村村规民约明确制定了赡养老人的奖惩制度。例如，规定赡养老年人者每月发放200~800元助老金、老年人节假

慰问类 200~800 元红包、老年人生日送蛋糕等。五龙村按照"八室一间"的规定于 2019 年建成公有制产权村卫生室，实行与乡镇卫生院一体化的管理模式，建立健全各项规章制度和业务技术流程，按照《江西省村卫生室建设标准》规定的基本诊疗设备要求配备电脑、打印机、刷卡器等，并至少配备 120 种基本药物。五龙村还制定了老人探访制度，对村里 60 岁以上老年人建立花名册，按自立程度划分为自立、半自立、失能老人，建立以村组干部、党员为主体的老年人服务志愿者队伍，为老年人提供志愿服务，每周三还会定期对失能老人生活状况进行探访，对老年人近况进行调查摸底，发现生活状况下降的及时处置解决。2020 年五龙村制订了高龄失能老年人上门健康监测计划，配合村医为高龄失能老年人进行上门健康监测，对老年人身体状况详细监测、登记，为保护老年人身心健康提供了有力的保证，也有效缓解了老年人的心理压力。

（三）筹资金，改善老年人活动场所

为提高全村老年人业余文化生活，提高生活质量，五龙村自筹资金打造了五龙村南区社区文化活动中心、画眉垅小区文化活动中心。活动中心集文化广场、棋牌室、演艺舞台、电视室、阅览室、茶室等于一体，极大丰富了老年人的文化娱乐生活，和谐了邻里关系。为了给老年人提供更加舒适、干净、美观的活动场所，2020 年五龙村自筹资金对南区老龄活动中心进行了修缮，增添了新的娱乐设备。

（四）树典型，弘扬中华民族优良传统

为弘扬中华民族孝老尊老的优秀传统美德，树立孝老尊老正面典型，五龙村每年评选"好儿媳""好婆媳"，每季度评选和公布"道德红黑榜"孝老敬亲典型，并大力宣传先进典型的事迹，通过树立先进典型带动全村形成孝老敬老良好风气，全面杜绝虐待老人现象。为推进敬老文化建设，自 2018 年起五龙村开展了"百善孝为先"及"乡风文明行动"等一系列主题教育活动，进一步营造好尊老敬老的社会氛围，弘扬以家庭为核心的养老传统，增强农村家庭自身养老观念，促进农村养老保障和社会和谐。

（五）兴文化，讲科学健康养老

为提升老年人科学文化素养，近年来，五龙村增强了老年人科学文化知识培训。通过举办老龄健康知识讲座、老龄反诈骗知识讲座、老年人法律培

训知识讲座等，不断提高老年人科学生活态度和防骗防诈意识。五龙村还成立老龄舞蹈艺术团、老龄太极拳队伍、老龄唢呐演奏队等文艺团体，不断丰富老年人生活，提升老年人的社会核心价值观，让老年人有了发挥余热的用武之地，五龙村老龄舞蹈艺术团历年来积极参与赣州市和章贡区老年体协的各项活动，每次都能获得前三名的佳绩。

第七节　赣州市蓉江新区高校园区管理处新路村

一、社区基本情况

新路村位于蓉江新区东部，毗邻和谐家园。目前，新路村60岁以上老年人492人，80岁以上老年人63人，分散供养特困老年人6人。2021年，社区以老年人需求为工作出发点和落脚点，提出了"家庭式养老，五分钟养老"服务圈理念，着力打造情系百姓、配套齐全、服务完善、生活便利的老年宜居社区。

二、社区建设现状

（一）高度重视，打造示范社区

一是抓住机遇，积极建设。由于整区规划建设，目前新路村大部分村居都涉及征地拆迁，村民安置工作是重中之重。新路村各大返迁安置小区均按高要求、高标准进行建设，着力打造老年宜居社区，设施配套完善，环境安全整洁，管理规范有序。二是统筹协调，建立机制。新路村管理处召开了"全国示范性老年友好型社区"创建工作会议，对创建工作进行统一部署，强化分工职责，明确工作标准和完成时限，按照自下而上、优中选优的原则推进全处老年友好型社区建设。三是结合实际，制订方案。新路村由处卫计办牵头，组织干部对辖区内各村居进行实地调查，结合自身实际，参照赣市老龄办《关于开展老年友好型社区创建与推选"全国示范性老年友好型社区"工作的通知》文件精神，推选新路村为新路村管理处老年友好型社区创建试点村，由新路村村委会抓好落实，制定《新路村老年友好型社区创建实施方案》，成立了创建工作领导小组，把建设老年宜居社区作为整村发展的重要内容。

（二）加大投入，改善环境

一是建设适老出行环境。新路村已对入户路、电梯及老年人主要活动场所进行改造，建立适行坡道，实现入户道路平整安全。在社区各干道安装路灯，保证通行亮度，各楼栋下均设置休息空间和座椅，保障老人出行需求，同时构建安全便捷步行路网，优化社区交通体系，实行人车分流，方便老年人日常出行和活动。二是开展"厕所革命"，改造农村旱厕。新路村温馨家园社区在老年人主要活动场所配置了公共厕所并进行了适老化改造。同时处卫计办和农办联合对新路村未拆迁村域进行实地走访，排查露天粪坑和简易茅厕，并进行改造，目前新路村未拆迁村域 204 户家庭均建立卫生厕所，基本完成农村户厕改造工作。三是结合创卫工作，开展爱国卫生运动。新路村通过宣传栏、宣传单、入户宣传、微信公众号等多种方式营造浓厚的宣传氛围，引导群众自觉清理门前屋后垃圾，保持环境卫生。同时由新路村村委会牵头，组织社会各界及广大群众参与城乡环境卫生整治工作，积极开展多样性活动，同时引进机构，将村里的垃圾清运事宜外包，实现垃圾日产日清，保障了社区环境。

（三）协调配合，个性服务

一是依托村卫生室，打造医养结合服务模式。新路村已建立家庭医生签约服务制，定期为辖区内老年人提供健康管理服务，对行动不便的老年人提供上门巡诊服务。同时通过宣传栏、健康讲座等形式，普及健康老龄化理念和健康科学知识，宣扬积极老龄观。二是联合处民政，打造居家养老服务示范点。新路村打造了居家养老服务示范点，建立了社区养老服务机构，配备康复室、活动室、理发室及孝老食堂，以多种形式为老年人提供生活照料、康复护理、助餐服务等专业化、个性化服务。三是做好老年人信息排查，建立定期探访制度。新路村现有特困老年人 6 人，目前已建立台账，落实"一对一"服务制，为有需要的老年人提供养老服务。

（四）组建团队，丰富活动

一是组建农村互助幸福院。由党员干部、妇女小组长、热心村民组成的志愿者服务队，对留守、困难老年人实施结对帮扶，给予生活照料和精神关爱。二是建立社工服务队。由村两委干部组成，将存在安全风险和生活困难的老年人作为重点服务对象，建立定期探访制度。通过健康宣传栏、微信群等线上和线下的方式宣传积极老龄观，引导老年人树立终身发展理念。同时为全村老年人提供防诈骗知识与技巧宣传教育服务，为有需要的老年人提供法律援助服务等。三是成立老年文体团队。由热心村民牵头，新路村老年人自发组建广场舞队，积极参加蓉江新区各类文娱活动，并在社区设置棋牌室，丰富了老年人精神文化生活。四是增强老年人的社会参与。新路村鼓励村民和老年人积极参与各种公益性活动和志愿服务，动员村民对留守老年人提供生活照料和精神关爱服务。

第八节　赣州市南康区唐江镇白石村

一、社区基本情况

白石村位于江西省赣州市南康区唐江镇北部，距离唐江圩镇 10 千米，辖 16 个村民小组，共 485 户 2111 人，党员 53 人。白石村素有民风淳朴、家风优良的传统，建有居家养老食堂和全区唯一一所村级养老公寓，实现了老有所养、老有所乐，是远近闻名的"先进村"，近年来，多次荣获区级以上表彰，2018 年、2019 年均获唐江镇行政村综合考评一等奖。

白石村现有 60 岁以上老年人 300 多人，为了满足广大村民特别是白石村几百名老人的文化、娱乐、健身等需求，白石村老年人协会从最初的几十名会员、两三间办公室发展到拥有 2000 多平方米的日常活动场所，在册会员 200 多名，并建成了规范化的居家和社区养老服务中心。老年人协会逐步成为了白石村及周边村庄老年人交流、娱乐的好去处。居家和社区养老服务中心正是以老年人协会为基础架构，活动场所与村委会互相衔接，有专门的办公室、居家养老食堂、老人休息室、棋牌室、门球场和文艺排练室等。目前，白石村居家和社区养老服务中心共有 7 名管理成员，除站长、副站长统筹负责各项工作外，中心还有独立的会计核算人员、厨师和负责保障老人活动安全的安保员，基本满足了老年活动的各项需求。

二、社区建设现状

白石村紧紧围绕"学习、活动、服务"三大功能，以充实群众日常生活、提高群众幸福感为目标，积极建设老年友好型社区，具体做法如下。

（一）充分发挥学习功能

白石村将学习融入群众日常生活，增进群众的思想认同、情感认同。农历每月二十为科普知识学习日，依托村卫生室，通过健康讲座互动交流等多种形式，推进老年人健康教育活动，宣传失能预防核心信息和老年痴呆预防与干预核心信息等健康知识，普及健康老龄化理念和健康科普知识，结合影像通过投影仪向大家展示不一样的知识天地。白石村居家和社区养老服务中心为老年人提供了图书阅览室、棋牌室、气排球场、文艺室等活动场所，方便老年人日常学习、强身健体。利用学习日机会，同时开展老年人防诈骗知识宣传教育工作，提高老年人识别和防范诈骗等非法侵害的能力。

（二）充分发挥活动功能

白石村根据实际情况开展经常性、面对面、群众喜闻乐见的活动。每月农历初一、初四、初七下午为门球活动日，初二、初五、初八下午为气排球活动日，初三、初六、初九下午为文艺班活动日，初十下午为太极拳扇班学习日，农历二十为科普知识学习日。白石村居家和社区养老服务中心经常组织老年人参加上级组织的各项比赛，并多次获奖。白石村居家和养老服务中心将门球场前的水塘进行了改造，安装了安全护栏，既能养鱼又能让老年人休闲垂钓；将养老服务中心附近一小块田地改造成菜地，老年人利用闲暇时间种种菜，既能自给自足减轻经济负担，又能让老年人发挥余热，老有所为。

（三）充分发挥服务功能

白石村居家和养老服务中心面向老年人、残疾人、困难群众等重点人群，开展各类便民利民为民服务。居家养老食堂为老年人提供了方便的用餐服务，向"老有所养"的服务目标更进一步。目前，养老食堂按一餐5元的标准收费，为老人提供中餐。养老食堂会公布每日菜谱，当天需要用餐的老年人提前在厨师处登记，到用餐时间即可用餐，餐后即时结算费用。另外，食堂还建立了食品留样备查制度，将每日的菜品留样保存48小时，避免因食品安全而引发不必要的矛盾。白石村居家养老食堂的运行模式被南康区列为全区农村居家养老的推广普及模式。为了满足更多老年人的用餐需求，2019年底已将白石村居家养老食堂厨房规模进行扩大，目前居家养老食堂可容纳200多人用餐；2020年在上级党委、政府的支持和关心下，在男、女休息室配备了按摩椅和泡脚桶，老人们在居家养老食堂用餐后可以在休息室放松、休息，大大提升了老年人的满意度和幸福感。出于安全考虑，居家和社区养老服务中心安装了消防管和烟感器，保障了老年人的人身安全，为老年人提供了必要的活动场地、设施和经费保障，满足了老年人社会参与需求。白石村还先后在居家和社区养老服务中心三层楼梯安装了扶手、在居家养老食堂门口斜坡处安装了护栏，保障了老年人人身安全。

（四）充分发挥模范带头作用

为了发扬白石村优良的村风民俗，大力弘扬讲文明、树新风，白石村成立了红白理事会，制定了理事会章程和村规民约。一是每年春节由白石村理事会评选出3~5名最美孝老敬老贤媳妇，如贫困户刘某某十年如一日侍候瘫痪的公公，村民王某某如同对亲生母亲般无微不至地照顾婆婆，成为白石村敬亲孝老的典范。二是评选出劳动致富标兵，如贫困户刘某某（1）、卢某某、叶某某、刘某某（2）4人。三是评选出脱贫奋进之星卢某某、叶某某。在2020年开展的评优活动中，在全村评选出"孝亲敬老模范家庭"5户，家长好、媳妇好、孩子好"三好家庭"4户，在全村范围营造了尊老爱幼、孝亲敬老的文明新风。

白石村居家和社区养老服务中心还建立了老年人探访制度，做好老年人基础信息摸查，以上门访问的形式定期探访老年人，及时了解老年人生活情况，将存在安全风险和生活困难的老年人作为重点帮扶对象，及时通知其子女或其他法定赡养人。特别是常年坚持对生病住院老年人上户探访慰问，使老年人切实感受到集体的温暖。

白石村居家和社区养老服务中心以真情暖人心，以服务聚民意。几年来，解决了群众最关心的生活照料、情感交流、精神慰藉等养老难题，推动了全镇尊老、敬老良好民风形成，提升了基层党组织在农民群众中的威信，实现了党的建设、社会治理和民生工作的同频共振，得到上级领导及广大人民群众的肯定和支持。

　　老人们都感慨道："服务中心办得好，这里就是温馨的家，玩得开心，吃得舒心，儿女放心，活动安心。"现在我们正在努力以爱老、助老、敬老为宗旨，把居家和社区养老服务中心办成老年人的幸福乐园。

第三章
抚州市城乡老年友好型社区建设现状

第一节　抚州市黎川县潭溪乡三都村

一、社区基本情况

潭溪乡三都村地处黎川县城郊，武夷山脉中段西麓，京福高速公路穿境而过，距县城 8 公里，毗邻河溪村、新庄村、团村、五星村。辖区面积 13442 亩，辖 23 个村小组，全村现有村民 800 余户 3000 人。全村于 2011 年完成所有交通主干道、支线干道、至山脚自然村分支干道的全部水泥硬化工程，告别了昔日"一场雨一脚泥"的窘境。三都村土壤肥沃，气候温和，灌溉便利，主要种植水稻，是本县主要产粮区及烤烟种植区。2017 年三都村实现贫困村脱贫摘帽，截至 2019 年底，已脱贫 48 户 161 人，2019 年村集体经济收入达到了 15.8 万元。

二、社区建设现状

（一）居住环境安全整洁

三都村对村民居住环境进行定期排查与维修，以排除安全隐患，保证环境的安全整洁；对建档立卡贫困户老年人的危房进行改造，对一些困难老年人提供了集中安置服务，保障了老年人的住房需求。三都村拆除破旧、危房、栏圈等 4 万多平方米，已完成主干道、污水管道、强弱电铺设及百年祠堂、古宅老屋保护性修缮工程。

（二）社区服务便利可及

三都村通过电话访问以及入户探访的方式定期探访下市、金斗戈、麻船、谢家边、古楼前等地的特殊困难老年人，并且对老年人开展防诈骗宣传教育、积极老龄观讲座，组织老年人在皮边村进行红色教育活动，开展"法律明白人"培训会，进行普法宣传教育。三都村还设立了"乡贤调解室"，聘任 4 名"乡贤"为人民调解员，现已成功调解林权、家庭、邻里等矛盾纠纷 20 余起。当地扫黑除恶专项斗争群众知晓率、支持率、参与率均高于全县其他村，培育了 28 名骨干"法律明白人"、549 名一般"法律明白人"，淳朴向善、明礼诚信、遵纪守法、团结友爱、包容平和蔚然成风。三都村还成立了文明实践志愿队，定期开展志愿服务活动。例如，在三都村开展的尊老敬老文明实践志愿服务活动中，志愿者们不仅为村里留守老年人提供爱心义诊、量血压等服务，还详细询问老人的健康状况、生活困难，耐心疏导老年人的不良情绪。

（三）社会参与广泛充分

三都村工作人员帮助村里的老年人销售橘子，为经济困难的老年人提供公益性岗位，并且邀请 60 岁以上老年人参加村代表会议，听取老年人的意见和建议。三都村还成立了老年文体团队，如花园姐妹队、女子健身队、舞龙队以及春风音乐队，极大地丰富了老年人的精神文化生活。

（四）孝亲敬老氛围浓厚

三都村黄氏家训积极倡导孝老敬亲，潭溪乡还开展"新时代好乡贤""好村规民约"评选表彰活动。为弘扬中华优秀传统文化，积极践行社会主义核心价值观，潭溪乡全乡上下积极营造尊老孝亲的浓厚氛围。为此，还开展了"孝满黎川"评选表彰活动，表彰"最美孝心少年"朱某某、"最美孝心儿女"尧某某、"最美孝心媳妇"汤某某，以引领全乡人民讲孝道、守孝义、做孝事，促进家庭和美、邻里和睦、社会和谐。

（五）科技助老智慧创新

三都村积极开展"互联网＋养老"服务，通过微信群便利、快捷地解决群众问题。村中设有"村村响"智能广播网，广播网安装规范、分布合理，每天固定时间安排播出，能实现应急插播。这些设施便利了老年人的生活，科技助老设施切实提升了村中老年人的生活质量。

（六）管理保障到位有力

三都村有工作人员专门负责老龄工作，定期召开会议对人员进行分工。三都村将相关财力投入到养老服务设施中，不断提升为老服务质量，以满足老年人的需求。例如，提供图书室方便老年人阅读书籍，安排公益性岗位打扫老街卫生，设立幸福之家为老年人提供日常生活照料、康复护理、卫生保健、精神慰藉等服务。

第二节　抚州市东乡区东糖社区

一、社区基本情况

东糖社区成立于 2018 年 4 月，位于东乡区环城东路 240 号，东至朝阳大道，西至星光大道，南至新火车站，北至东磷路，辖区面积 0.59 平方千米，共 3735 户 8090 人，辖区内有 9 个小区（星港湾四期、东糖小区、佳和小区、金碧世家、安石明珠、财富花园、贰站街、富通城、东润华城），分 8 个网格。2021 年以来，社区以老年人需求为工作出发点和落脚点，提出"智能化养老，五分钟养老服务圈"理念，以打造情系百姓、配套齐全、服务完善、生活便利的老年友好型社区。

二、社区建设现状

（一）领导重视，主动谋划在前

创建老年友好型社区是加强基层基础工作和社区建设的有效途径，是为人民群众办实事、办好事的重要举措。东糖社区"两委"班子高度重视创建工作，结合社区实际，从理清工作思路和搭建工作平台两个方面加强组织领导，提出了"政府搭台，机构参与，老百姓受益"的工作理念，班子成员分工负责、密切配合，充分发挥基层党建的引领、推动作用，组织动员全村党员、群众积极参与。

（二）延伸社区服务功能

首先，完善老年人服务中心标准化建设。东糖社区老年人服务中心设置"一厅、一站、五大功能区"，设立了社区服务、民政、社保、综治、水电、燃气等 12 个服务窗口，方便群众和老年人办事。城市驿站、新时代文明实践点为辖区老年人提供学习、休息和活动的场地。东糖社区不断加强硬件设施的建设，进一步完善老年人服务中心功能建设，为老年人提供生活照料、康复护理、助餐服务等专业化、个性化服务。其次，打造"15 分钟生活服务圈"。东糖社区整合社区内能够为老年人提供优质服务的信誉良好的单位、社会组织、个体商户，针对老年人实际生活需求，建立了以老年人为主体、以社区为平台、以辖区单位和专业社会组织为依托、以个体商户为补充的全方位、多层次、多类型的助老生活服务圈。社区全力打造全市第一家社区日照中心，从"医、食、助、学、养、乐"六方面为老年人提供健康管理、居家护理、代办陪护、生活照料、心理慰藉等服务，满足老年人不断增长的多样化需求。最后，东糖社区为发挥老年人余热，积极开展多层次、多内容、多形式的教育培训活动，把教学和活动结合起来，让老年人多参加文娱活动，多发展社区团队。

（三）引入社会服务机构

东糖社区引进了社区医务室，为年满 60 岁的老年人提供免费健康体检、健康医疗养生知识培训和诊疗，协助老年人处理情绪和特殊问题。此外，东糖社区还引进了健康小屋，为老年人和社区群众提供自助健康体检，健康小屋还安装了健康教育平台系统，为社区老年人宣传健康养生知识。

第三节　抚州市广昌县长桥乡上凡村

一、社区基本情况

上凡村地处广昌县长桥乡东部，距县城 16.4 千米，G528 公路穿境而过。全村区域面积 13 平方千米，耕地面积 2880 亩，林地面积 14820 亩。下辖 15

个村小组，现有人口 377 户 1227 人，贫困户 59 户 207 人，低保户 40 户 51 人，五保户 3 户 3 人，党员 36 名，预备党员 2 名，大专以上学历 6 人。村里山多、地广、田肥，民风淳朴、环境清幽，有山地客家古村风韵。村中产业资源丰富，在乡村两级发展带动下，种植了千亩黄花梨、烤烟和数百万棚茶树菇，形成了"山上有梨，田里有烟，棚里有菇"三大产业格局。

二、社区建设现状

（一）居住环境安全整洁

2017 年起，上凡村以美丽乡村建设为契机，按照"村社一体、合股联营"的发展思路，成立了全市首家乡村旅游合作社——香花湾乡村旅游专业合作社，打造以"赏花尝果、农家体验、休闲娱乐、健康养生"为主题的香花湾景区。香花湾依托"2000 亩黄花梨、200 亩铁皮石斛及百亩花海"的优势，围绕"农业生态游、休闲观光游、娱乐文化游"的产业发展格局，利用丰富的生态资源，植入花卉、苗木、中草药三大产业，从而形成"春季赏花观景、夏季休闲消暑、秋季采摘度假、冬季登山观光"的生态文化旅游精品线路，现已成功开发了农家乐、采摘园、环岛儿童游乐、特色民宿等众多观赏和娱乐项目，成为市民休闲娱乐的首选地。

（二）社区服务便利可及

上凡村安排工作人员定期探访特殊困难老人，为老年人开展党史红色教育活动、医疗卫生健康宣传活动，新冠肺炎疫情时期还积极向村民宣传疫苗接种。上凡村经常开展农业知识宣讲课堂，增加村民的农业知识；开展法律讲堂，增强老人法治意识；开展防电信诈骗、防范非法集资宣传教育活动，提升村民的安全防范意识。上凡村还成立了文明实践志愿队，志愿者定期给老年人发放生活补助和慰问品。为保障老年人的基本医疗卫生服务需求，村中设立了海联新农村卫生健康服务室，并定期邀请县里的医疗工作者到村里免费给行动不便的老年人进行义诊，帮助老年人检查身体，解决各种小病小患，并告知老年人应该怎么注意身体健康，为上凡村老年人的健康问题保驾护航。

（三）社会参与广泛充分

上凡村积极帮助老年人销售农副产品，还设立了公益性岗位帮助困难老年人就业，例如，新冠肺炎疫情防控期间，上凡村聘请困难老年人按时按点在村里的各处角落进行消毒，保证村里的安全和卫生。上凡村的村干部，在得知留守老年人在缴纳医保、社保时存在行动不方便、线上又不会操作的困难，主动到老年人家里，帮老年人在线上把医保、社保的钱都交了。上凡村代表会议都会邀请村里的老年人到现场为村里的发展建言献策，广泛听取各位老年人的心声，把各项工作落到实处。村中还建设了农家书屋供老年人学习休闲，满足老年人的精神文化需求。

第四节　抚州市金溪县学苑社区

一、社区基本情况

学苑社区成立于 2018 年 6 月，现有居民小区 24 个，共 6883 户 19136 人。据统计，学苑社区 60 岁以上老年人有 1227 人，其中 70 岁以上老年人有 584 人，占总人口的 9%，空巢老人 108 人。

二、社区建设现状

（一）建立老年人基本情况信息台账

学苑社区工作人员通过研究走访，对社区老年人状况和需求进行摸底调查，从居住状况、养老意愿、服务项目等方面着手展开调查，逐一上门进行摸底，并建档造册登记，分类管理，全面掌握社区老年人的情况。

（二）完善老年服务内容

近年来，学苑社区坚持以提高老年人的生活品质为出发点，以健全、完善社会保障制度为基础，以推进、规范老年服务工作为核心，成立了社区居家养老服务站，建立了以社区为信托、以专业化服务为标准、以解决老年人日常生活困难为主要内容的服务体系。社区以老年生活为基础，积极整合社区有效资源，全面提升老年人工作的整体水平，实现社区老年人老有所养。学苑社区采取多种形式，开展广泛的宣传教育活动，每年重阳节前后都举办宣传活动，强化居民的老龄意识、敬老意识，保护老年人合法权益。

第五节 抚州市临川区西大街社区

一、社区基本情况

西大街社区居委会成立于 1978 年 7 月，占地面积 0.23 公顷，辖区内共有居民 3308 户 8392 人。东至赣东大道，南至老抚州宾馆路，西至学府路，北至若士路。社区现坐落在抚州市人民公园、美丽的西湖绿洲羊城广场旁。羊城广场作为一个配套设施完善的娱乐休闲广场，已经成为西大街社区一道亮丽的风景线，西湖绿洲得天独厚的环境在西湖的治理、美化和亮化中得到了很好的诠释。如今，西大街社区周边已成为抚州市民休闲娱乐场所，也是创建老年友好型社区最佳场所。

二、社区建设现状

（一）强化组织、建章立制，确保创建活动有序开展

社区有工作人员 8 名，其中专职党务工作者 1 名。社区党委书记吴某某，中共党员，大学本科，2020 年荣获"抚州市最美家庭"称号，2020 年荣获"临川区最美家庭"、"抚州市最美家庭"、"临川区最美家庭"、全省"党在我心中"最美家庭、"临川区抗击'新冠'肺炎疫情"先进个人等称号，2021 年荣获"新时代赣鄱先锋"称号。社区现有党员 84 名，其中流动党员 3 名，离退休党员 8 名，生活困难党员 1 名，并成立了社区党委，下设 2 个党支部，市、区单位党员到社区报道人数为 174 名。为了充分发挥基层党支部的作用，西大街社区结合当前党史学习教育契机，坚持党建引领社区治理，创新"党建＋小区治理"模式，将社区划分为 5 个网格，成立 5 个功能网格党支部，实行网格化管理，通过"党员示范岗""党员责任区"等载体，充分发挥党员的先锋模范作用，深入开展在职报到党员活动和党建引领物业服务行业等专项行动，为有序开展创建老年友好型社区奠定了坚实的基础。

（二）加强宣传，营造老年友好型社区创建氛围

西大街社区综合利用 LED 显示屏、社区电子宣传屏、宣传橱窗、QQ、微信等，通过制作标语牌、提示牌、悬挂横幅等形式对老年友好型社区创建工作进行全方位宣传。此外，街道组织社区书记到江苏省常州市进行现场观摩，外出学习，取长补短，为创建老年友好型社区吸取经验。

（三）强化整治、改善环境，打造环境优美宜居的社区

西大街社区与物业携手合作，整改小区环境。社区加大对小区的巡查力度，认真做好保洁工作，发现问题及时处理，社区内道路、开放式庭院的保洁全由社区请人清扫。在世界环境日，社区干部与志愿者还会到西湖绿洲旁打捞漂浮在湖面上的垃圾，清理草丛中的纸屑，将保护环境根植于心，落到实处。

（四）强文化、谋载体，丰富创建活动形式

为使创建活动更贴近居民、贴近生活、通俗易懂、易于接受，西大街社区将创建内容融入社区文化，通过开展各类文化体育活动，丰富了创建工作载体。社区利用周末及重大节假日开展形式多样、内容贴切的系列活动，如社区举办了"牛皮癣"大家治、环境卫生志愿大行动、广场文艺演出、消夏纳凉晚会、电影放映等活动。通过不间断地治理、宣传和开展主题活动，社区居民参与社区环境自治管理的积极性大幅提升。

第六节　抚州市南城县株良镇城上村

一、社区基本情况

城上村位于抚州市南城县株良镇西南，距县城 18 千米，距株良镇 2.5 千米，东临盱江，南眺军峰，西枕芙蓉，北靠姑山。全村面积 4.5 平方千米，耕地面积 2078 亩，林地面积 3400 亩，水域面积 50 亩。辖前营、后营 2 个自然村，8 个村小组。城上村共 401 户 1598 人，其中，60 岁以上老年人 232 人，占总人口的 14.5%，属于典型的老龄化乡村。近年来，为积极应对人口

老龄化，推进老年友好型社会建设，在抚州市委办公室和抚州市农业银行等单位帮扶下，在株良镇党委、政府的正确领导下，城上村深入开展老年友好型社区创建工作，着力增强老年人的获得感、幸福感、安全感。

二、社区建设现状

（一）加强组织领导，保持创建韧劲

受基础条件、自然资源等诸多因素制约，城上村曾是省级"十三五"贫困村。2016 年该村实现脱贫摘帽，脱贫攻坚工作取得了卓越的成效。人居环境大大改善，生活质量大幅提高，昔日的"贫困村"正朝着小康村目标阔步前进。2018 年，城上村获得了"全省优秀基层党组织"称号；2019 年，被评为"第六届省级文明村镇"，入选中国农民丰收节"千村万寨展新颜"活动名单；2020 年，被评为"抚州市第七届文明村镇"及"第六批省级民主法治示范村"；2021 年，被评为"第八批全国民主法治示范村"。为积极响应习近平总书记的号召，积极应对人口老龄化，构建养老、孝老、敬老政策体系和社会环境，加快老龄事业和产业发展，城上村在积极做好巩固、拓展脱贫攻坚成果同乡村振兴有效衔接工作的同时，提出了创建老年友好型社区的具体要求，并在加强组织领导上认真指导，扎实推动该项工作开展。村"两委"班子经常召开创建工作调度会议，班子成员分工负责、密切配合，充分发挥基层党建的引领、推动作用，组织动员全村党员、群众积极参与，有效推动创建工作稳步、持续、深入开展，营造了浓厚的创建氛围。

（二）完善基础设施，夯实创建根基

为开展好老年友好型社区创建活动，城上村围绕创建目标将乡村振兴与老年友好型社区创建共同推动，确定工作重点，落实具体措施，确保创建工作有序开展。按照"统一规划，统一布局，分步实施"的原则，开展了村庄环境综合整治，全面拆除村庄危旧房、空心房、猪牛栏、附属房等近万平方米，制订了《环境卫生公约》，配备了专职保洁员 4 名，定期开展环境整治和清洁工作，村容村貌焕然一新，居住环境干净整洁。城上村实施道路硬化、安全饮水提升工程、农村户厕改造等多个项目，实现了自来水入户以及"组组通公路，户户都硬化"目标。该村实施村庄"亮化"工程，沿路安装了太阳能路灯，老年人出行设施完善、便捷；改善通信设施，村组全部开通广播、

宽带网络，每天固定时间安排播出；在村庄中心位置新建村卫生室，为老年人提供更加便利的基本医疗卫生服务。城上村现有4个村民休闲文化广场，并筹集资金2.8万元，把村里的老旧祠堂改建成融法治讲堂、新时代文明实践站、法治图书室为一体的文化阵地，让老年人娱乐休闲有了好去处。城上村争取民政资金15万元，利用村庄一处空置宅基地新建了"幸福之家"居家养老食堂，解决了本村老年人的"吃饭难"问题。

（三）创新工作方式，提升创建水平

城上村持续推进移风易俗工作，组织村中老党员、老干部、老同志成立红白理事会，遏制厚葬薄养、大操大办等陈规陋习，树立新风正气。该村积极宣传优秀传统文化，深入开展"孝亲杯"评选、"道德红黑榜"评选等活动，形成孝亲敬老、文明和谐的良好风尚。村内推行"一村一辅警"试点，营造平安、和谐的社会环境。新时代文明实践站中的"城上大讲堂"不定期组织党员干部、专业人士、乡贤人士、社会爱心人士等为老年人开展新时代文明实践活动，村党员干部积极参与，主动申请作为理论宣讲志愿者，用老百姓听得懂的语言，讲解党的新思想、新理论。根据不同时期老年人最迫切的实际需求，该村有针对性地邀请县、镇关于农业、民生、医疗、法律等方面的专业人士，用通俗易懂的方式为老年人答疑解惑，推动普法宣传教育，增强老年人的法治意识。城上村还组织电影、戏曲下乡活动，引导村中老年人组建广场舞队、健身队等，经常开展老年群众文艺活动，连续两年举办"村晚"，丰富了老年人的精神文化生活。

第七节　抚州市南丰县琴城镇琴台路社区

一、社区基本情况

琴台路社区成立于2017年5月，坐落于书香琴苑小区，办公用房面积约680平方米，分为上下两层。一楼为智慧型社区养老中心，二楼为党员群众一站式办公服务中心。辖区面积约1.6平方千米，共4469户12381人，其中年满 60 岁的老年人 384 人，占比 5%。

2018~2022 年，在县委、县政府和琴城镇政府的正确领导下，琴台路社区党总支深入学习贯彻习近平新时代中国特色社会主义理论，坚持以党建引领，打造全新智慧型社区居家养老服务中心。智慧养老中心功能区设有精神慰藉室、医生坐诊区、生活照料服务区、体育健身服务区、便民服务区、文化教育服务室、棋牌室、休闲区等老年人所需的各种居家养老服务区域。

二、社区建设现状

（一）党建 + 智慧养老

琴台路社区将党建与居家养老有效融合，建设了智慧型社区养老服务中心，引入了北控医疗健康产业有限公司旗下福龄金太阳健康养老股份有限公司的专业养老团队进行运营，以先进的互联网科技为依托，提供健康检测、健康评估、疾病风险评估预警、紧急救援、生活照料、家政服务、精神关怀等服务，设有体育健身服务区、便民服务区、文化教育服务室、棋牌室、休闲区等老年人所需的各种居家养老功能区；借助先进的互联网技术、云技术、大数据和物联网技术，有效运用通信网络、智能呼叫、互联网等科技手段，以信息化、智能化呼叫救助服务平台为支撑，以建立老年人信息数据库为基础，以提供紧急援助、生活照料、家政服务为基本服务内容，以社区为依托，以有效整合社会服务资源为服务主体，建立完善的居家养老服务体系，打造"互联网+没有围墙的养老院，15 分钟到家"的养老模式。

（二）党建 + 老年大学

为贯彻落实老有所教、老有所学、老有所为、老有所乐的老龄工作方针，社区开办了老年大学。通过学习，老年人增长了知识、丰富了生活、陶冶了情操、促进了健康、服务了社会。按照"增长知识、丰富生活、陶冶情操、促进健康、服务社会"的办学宗旨，老年大学以雄厚的师资力量，开设葫芦丝班、太极拳班、书法班，有 100 多位学员。社区努力把老年大学建设成为老有所学的课堂、老有所乐的舞台、老有所为的阵地，为建设学习型、服务型、功能型为一体的文明、和谐社区发挥了积极作用。琴台路社区于 2019 年6 月获得由南丰县老年教育工作委员会评选的"全县基层老年教育工作先进集体"荣誉称号，2019 年 9 月，琴台路社区老年大学参加了南丰县老年大学

"庆祝新中国成立 70 周年暨建校 30 周年文艺汇演"，荣获二等奖。

（三）党建 + 志愿服务

琴台路社区现有 410 名注册志愿者，组成了"3 + N"支志愿服务队，包括红十字会志愿服务队、心雨爱心志愿服务队、李水水志愿服务队等，同时联合社区党员志愿者、团员志愿者、爱心驿站、蓝天救援队等多个社会组织，与在职报到党员及共建单位积极开展各种关爱、帮扶老年人志愿者活动。例如，春节前夕联合红十字会为困难老人送上棉被及生活必需品；三八妇女节联合在职党员开展健康义诊活动；端午节邀请辖区老年人与留守儿童一起包粽子、闻艾香，老少共聚一堂，其乐融融；重阳节组织辖区老年人到观必上乐园、九联新村、洽湾古镇游览，营造良好的爱老助老氛围。琴台路社区针对老年人健康问题，开展老年人介护培训、紧急救援培训；为提高辖区老年人防范电信诈骗的意识和能力，联合检察院开展防电信诈骗宣传等，极大地丰富了辖区老年人的精神文化生活。

第八节 抚州市宜黄县二都镇白槎村

一、社区基本情况

宜黄县二都镇白槎村是"十三五"省级贫困村，是江西省检察院定点帮扶贫困村，地处宜黄县城东南面，距县城 8 千米，距二都镇镇政府 6 千米，全村地域面积 12 平方千米。下辖白槎、熊家、东坪、东源、李家、谢家、汤家、窑上、丰山 9 个村民小组，共 389 户 1535 人。全村共有耕地面积 2828.6 亩，林地面积 12139 亩，主要有水稻、莲子、竹荪、木耳等种植业和散养牛、鸡、鸭等特色养殖业，农产品纯天然、无污染，广受消费者喜爱。

自 2015 年以来，在省检察院持续帮扶下，白槎村架起连心桥、修通入村路，新建"村民之家""便民服务中心"，修建"家风家训馆""民俗文化馆"，开展村庄整治，打造秀美环境，助力乡村振兴，村容村貌有了翻天覆地的变化。对标"两不愁三保障"精准施策，2019 年白槎村 38 户 102 人人均年收入达到 16553.55 元，不愁吃、不愁穿，住房、医疗、教育均有保障，实现了全部贫困人口脱贫的既定目标。白槎村扎实开展主题教育、新时代文明实践活动和法律明白人活动，推进移风易俗，树立文明新风，乡风民风得到根本改善。白槎村先后荣获"江西省首批家风家教教育基地"、"江西省美丽休闲乡村"、全省"绿色社区美丽家园"创建活动示范社区、全省"综合减灾示范社区"、"新时代文明实践站示范点"、"市级休闲农业示范点"、"全市十大秀美乡村"、"宜黄县法律明白人示范点"等称号，2020 年 2 月被国家林业和草原局认定为国家森林乡村。

二、社区建设现状

（一）改善社区人居环境

"以前，村里给人的印象就是脏乱差，随处可见猪牛栏，各家各户房前屋后杂草丛生、垃圾遍地。如今，村里环境大变样，有了公园广场、村民办事中心、干净公厕，还有络绎不绝的游客光临，令人倍感自豪！"宜黄县二都镇白槎村 53 岁的村民范某某做梦也没有想到，村里会变得这么好，越来越多在外务工村民回村建房、修房。一个"十三五"省级贫困村的美丽逆袭，得益于国家一系列强有力的扶贫政策支持。自江西省人民检察院等单位驻村帮扶以来，白槎村以党建为抓手，全面推进"亮星固基强县 1234 党建工程"，以党建引领乡村治理、党建引领产业发展、党建引领乡村振兴等举措，实现了和谐有序、产业兴旺、脱贫致富、集体增收，在乡村振兴的道路上阔步前行。

（二）方便老年人日常出行

白槎村结合党员活动日，每月组织党员、村组干部对村庄、河道进行集中清理，聘请保洁员每天对村庄内的垃圾进行清扫清运，动员村民爱护公物，自觉维护自家房前屋后的环境卫生；对破旧房、附属房、猪牛栏进行摸排编号，建立台账，明确拆除时间节点，安排村"两委"干部挂点销号；着力加大对居民房屋外观美化亮化力度，整合各类项目资金，加快推进基础设施建设。截至目前，白槎村已拆除破旧房屋 26 间，面积 625 平方米；拆除附属房屋 2626 间，面积 382 平方米；拆除猪牛栏 422 间，面积 3691 平方米。全村完成居民房屋外观美化亮化 10 栋；新建人行道 160 米、环村路 1600 米、入户路 900 米、排污水管 1300 米；建设主题公园 1 个，面积 6500 平方米；建设休闲广场 2 个，修通连心桥 1 座，安装路灯 10 盏，对 30 户居民房屋庭院进行了新建或改扩建。

（三）社区服务便利可及

白槎村工作人员定期探访特殊困难老年人，并组织活动对老年人进行乡村文明移风易俗宣传教育，定期派村医上户为老年人提供诊疗服务和公共法律服务。如今走进白槎村，法治的气息迎面扑来，村民广场、院墙上、楼梯间、屋子里都能看到各类法律知识解读。"普法于无形，润物于无声。"省检察院发挥自身优势，把法治宣传教育送到村民手中，把法援"民生工程"等惠民政策传到村民心里，把农家法治书屋、农民法治大讲堂等宣传阵地建到贫困村村部。"法治广场""法治宣传栏""法治文化墙"成为了白槎村又一道亮丽风景线。检察官、干警进村入户普法，热情贴心帮村民释疑解惑，农村多发易发的房屋征收、林权纠纷等相关法律知识也一件不落地倾囊相授。

截至 2019 年 12 月，扶贫工作队共协助白槎村培养农村"法律明白人"骨干 7 人，"法律明白人"78 人，组织农村"法律明白人"参与法治宣传 60 余次，参与社会事务管理 9 件次，化解矛盾纠纷 12 件次，让贫困户足不出村就能获知扶贫政策、法律知识。2019 年，白槎村矛盾纠纷案比 2018 年下降了 30%，信访案比 2018 年下降了 60%。

（四）孝亲敬老氛围浓厚

白槎村将赡养老年人纳入村规民约，还大力宣传孝老、敬亲典型。白槎村于 2017 年 6 月建立了家风家训馆，自建成以来，已先后吸引了省内多批次党员干部、游客参观考察。该馆占地面积 180 平方米，由望族家风家训展示馆、宜黄红色基因展馆、近现代名人家风家规宣传栏、百家姓展示四部分组成。2021 年 1 月，白槎村获得"江西省首批家风家教示范基地"称号。

"家风家训馆还通过举办家规家训专题讲座、寻找最美家风家庭、好家风故事分享会、家规家训征集等活动，诠释传统家规的丰富内涵与当代价值。"村党支部负责人卢文星说，党员干部和群众通过学习先辈先贤的家规家训，不仅能发扬光大中华民族传统家庭美德，还能在身边人、身边事、身边榜样的教育下，进一步培育和弘扬社会主义核心价值观，更好地淳正党风政风、促进社风民风。

（五）管理保障到位有力

2015 年，白槎村在驻村帮扶单位的支持下，打造了专门服务村民的"村民之家"，并在其中设立红白理事会办公室。在红白理事会的帮办下，依托"村民之家"这一平台，村民们的红白喜事统一帮办，统一了标准、流程和制度。"村民之家"建成后，陆续有人在这里帮办酒席，如红白喜事、小孩过生日、建新房等，已经办了 52 次酒席，标准总体上得到了控制，通过"村民之家"以及村干部的广泛宣传，白槎村村民的攀比风气有了明显改善。"村民之家"投入使用以来，得到了村民的好评与支持，在红白理事会帮办下，老百姓省心又省钱。如今，"村民之家"已经成为白槎村村民的幸福之家，成为推动移风易俗、树立文明乡风的活动阵地，把"喜事新办、丧事简办"的新风尚吹进了千家万户。

第四章
吉安市城乡老年友好型社区建设现状

第一节　吉安市吉水县丁江镇双橹村

一、社区基本情况

双橹村位于丁江镇东南和白水镇交界的丘陵山区，距丁江镇 10.8 千米，全村 294 户 1060 人，其中老年人 160 人，占人口总数的 15.9%，下辖 7 个自然村 8 个小组，耕地面积 2510 亩，林地面积约 15800 亩。该村 2018 年获得"县文明村镇"称号，2019 获得"市文明村镇"称号，2020 年获得全国和省级"民主法治示范村"称号。

二、社区建设现状

（一）居住环境安全便捷

为保证老年人的取水安全和便利，社区已帮助老年人家庭完成自来水入户，对独居、留守、失能（含失智）、重残、计划生育特殊老年人家庭用水、用电和用煤等设施进行了安全隐患排查。此外，社区已对主干道路进行硬化处理，修缮破损路，整治低洼路，保持路面平整安全，对村小组次干道进行适底硬化处理，实现了"户户通"。

（二）养老服务水平提升

社区老年人服务队伍共 12 人，其中社区党委成员 1 人、村工作人员 3

人、社会志愿者 8 人。社区为所有 60 岁以上的老年人建立了信息台账（包括年龄、性别、健康情况、住址、联系电话），定期走访，想办法满足老年人的需求、解决其问题。社区定期开展文娱活动，丰富了老年人的业余生活。社区还开办了互助养老之家，统筹发挥乡贤力量，发扬尊老爱老好风俗，以重阳节等重要节日为契机，为 60 岁以上老年人举办庆祝活动。社区卫生服务站不仅每年定期为社区 60 岁以上老年人提供体检服务，还及时建立老年人健康电子档案，同时，每季度对长期患有慢性病的特殊老年人进行身体调查和保健指导，并协助办理特种病历门诊手册。此外，社区还为老年人提供法律援助等公共法律服务，帮助解决涉及老年人纠纷的相关事务，开展老年人防诈骗知识与技巧宣传教育工作，提高老年人识别和防范非法侵害的能力。

（三）精神文化生活极大丰富

为使老年人积极参与社会活动，不断提高老年人身心健康，社区设有健康器材、棋牌室、图书室等，使老年人能及时就近参加文化、文体、健身活动，实现老有所乐、老有所为。社区还不定期邀请相关老师为老年人授课，给老年人及时送知识、送文化。社区积极发动民间组织（包括社区太极协会、社区秧歌队、社区锣鼓队等）在每年春节、重阳节、国庆节等重大节假日期间开展各种形式的文体活动，尽情诠释"幸福生活"，同时营造社区温馨和谐的氛围，极大地丰富了老年人的精神生活。

（四）社会参与广泛

开展与老年人相关的服务项目或活动时，社区代表会议会邀请老年人代表参加，并充分听取老年人的意见、建议，积极引导和组织老年人参与社区治理和服务，充分发挥老年人的作用。社区已设立老年教育学习点，以老年人喜爱的形式开展适应老年人需求的教育活动，从而有效整合社区教育文化资源，发展社区老年教育。

（五）孝亲敬老氛围浓厚

社区不断强化家庭在老年人赡养与关爱服务中的主体责任，增强对家庭赡养义务人的道德约束，在尊重老年人意愿的前提下，赡养义务人可与亲属或其他人签订委托照顾协议，并向社区报备。对赡养人、扶养人不履行赡养、扶养义务的，由社区及老年人组织监督履行。社区平时还组织多种形式的敬老、爱老主题教育活动，加大对"敬老、爱老、助老"模范人物的宣传报道，发挥孝亲敬老典型的示范引导作用。荣获 2020 年度全国"敬老爱老助老模范人物"称号的余九根主动腾出自家三层楼房建起了互助养老之家，让村里的空巢老人们聚在一块吃饭、休闲娱乐。身为当地联谊会长的他还积极奔走，联络全镇乡贤捐资捐物，捐资 5000 元用于防疫抗疫；2013 年投资 800 余万元建设井冈蜜柚基地 1200 余亩，建立了专业合作社，带动了周边群众致富；2011 年捐资 5 万余元用于村庄修建百姓舞台，让歌声充满整个村庄，极大地丰富了群众文化生活；2007 年捐资 10 余万元用于村内"户户通"道路硬化，改善村内基础设施条件，另捐资 1 万余元安装路灯 7 盏，点亮村庄夜色。

第二节　吉安市万安县枧头镇兰田村

一、社区基本情况

兰田村位于万安县枧头镇东北部，辖 8 个村民小组，共 205 户 1050 人，其中 60 岁以上老年人 157 人，70 岁以上老年人 73 人，80 岁以上老年人 30 人，村党支部现有党员 23 人，村"两委"干部 5 人，耕地面积 1480 亩，山场面积 8500 亩。

近年来，兰田村以党建为引领，充分挖掘红色文化，传承红色基因，依托红一方面军独立第五师旧址，创办了兰田萧氏村史馆，累计收集文献资料和各类展品 100 余件，整理出了兰田工农英雄就义、"十户九烈"等红色故事。兰田村大力实施"党建＋农村幸福社区"，开设了医疗室、健康室、棋牌室和餐厅等活动场所，营造了老有所养、老有所医、老有所乐的和谐局面。兰田村注重发展村级集体经济，牢固树立"产业是根、效益为本"的理念，按照"1＋N 产业发展"模式，建设脐橙产业基地 200 余亩、温氏养鸭棚，村级光伏电站 100 千瓦，2020 年村级集体收入达 20 万元。

二、社区建设现状

在管理保障方面，社区已建立了"党建＋互助养老服务"中心，并成立了老年理事会，每年都保证财政投入、乡贤募捐、专项资金用于老年人活动与服务。在居住环境方面，社区已将"六乱"整治活动常态化，及时清运垃圾，并联合志愿者向老年人宣传垃圾分类观念，开展可回收垃圾积分兑换活动，通过可回收垃圾积累积分，兑换相关奖品。

在社区服务方面，社区拥有"零龄互助式"的银龄志愿者服务品牌，并在社区居家养老服务中心定期开展活动，丰富了老年人的生活方式。对于独居、空巢、失能、计划生育特殊家庭老年人，社区推出了个性化服务，定期入户探访慰问，并与卫生服务中心持续开展合作，通过家庭医生签约服务、上门巡诊等方式，创造便利的基层医疗卫生服务。"零龄互助式"银龄志愿服务还设有社区奶奶调解队、公共法律服务室、志愿者公益岗位等分支，积极为老年人开展心理疏导、居家养老、矛盾调解、法律援助等服务。社区还积极开展健康知识讲座、安全知识讲座，提升老年人的健康水平及自我安全意识，并针对诈骗事件频发现象大力推动防诈骗宣传教育，让老年人远离诈骗。

在社会参与方面，社区已设立老年人健身室、按摩室、广场舞队等文体团队，并结合文艺晚会、邻里节，为老年人打造自我展示的舞台。居民代表大会、老年协会组织的开展使老年人充分参与到社区管理当中。社区老年大学积极开展课程教学，并成立不同类型的学习团队，为老年人树立起了"吾生有涯，而知无涯"的终身学习观念。

在敬老孝亲方面，社区通过开展各种活动为社区老年人树立了"莫道桑榆晚，为霞尚满天"的积极老龄观。社区每年度还会评选出"最美家庭""五好家庭"，在社区的孝文化主题公园呈现活动剪影。在科技助老方面，社区已为老年人开展智能产品使用相关课程，为老年人使用智能产品提供了培训和帮助。

第三节 吉安市吉安县敦厚镇文山社区

一、社区基本情况

文山社区位于吉安县城西北，东临富川路，西抵龙背巷，南起庐陵大道，北至吉州路，面积约3平方千米。该辖区是吉安县的政治、商业中心，日常生活设施齐全，个体商业点云集，"社区生活十分钟商业圈"让居民生活便利。

文山社区居委会设址高昌路2号，面积约200平方米，建立了"一站式"党群服务大厅，社区各类设施健全，有较为完善的组织体系和网格化服务网络。辖区3200户11096人，其中60岁以上老年人1530人，占比约13.8%，80岁以上老年人264人，占比约1.7%。吉安县老年人日照中心在本辖区内，庐陵文化广场与本社区一路之隔，为社区老年人提供了公共空间与休闲娱乐的好去处。

二、社区建设现状

（一）改善老年人的居住环境

社区定期为老年人开展安全知识讲座，提升老年人的自我安全意识。社区还积极开展入户走访调研，对有需求和意愿的老人，提供住房"适老化"改造，安装扶手、紧急报警设备等设施，对独居、空巢、失能、重残、计生特殊老年人的家庭设施进行安全隐患排查，建立社区防火和紧急救援网络，完善老年人住宅防火和紧急救援救助功能。社区不断加强生态环境建设，营造卫生清洁、空气清新的社区环境。

（二）方便老年人出行

社区加强老年人住宅公共设施无障碍改造，如坡道、楼梯、电梯、扶手等的改造，保障老年人出行安全。同时社区不断完善社区道路设施、休憩设施、信息化设施、服务设施，实现了人车分流；社区内照明设施完好，标识清晰明确，小区主要出入口都留有空地供救护车等专用车辆停放，最大程度保证老年人出行安全。社区还探索开展"歇歇脚座椅"民生实事工程，在楼道增设休息椅，满足社区老年人需要。

（三）提升为老服务质量

社区定期邀请卫生服务人员为老年人提供健康管理服务，建立健康档案，开展老年人群营养状况监测和评价，制定不同老年人群营养需求改善措施。社区深入推进医养结合，支持社区卫生服务机构为老年人提供多种形式的健康养老服务，支持和配合吉安县日间照料中心、禾康养老机构为老年人提供生活照料、助餐助浴助洁、紧急救援、精神慰藉等多样化养老服务。社区还广泛开展以识骗、防骗为主要内容的老年人宣传教育活动，建立定期巡访独居、空巢、留守、失能失智、重残、计划生育特殊家庭老年人等工作机制。

（四）扩大老年人的社会参与

社区引导、组织老年人参与社区治理，参与公益慈善事务，充分发挥老年人的积极作用；借老旧小区改造之机，申报建设老年人健身文化设施，为老年人社区参与提供必要的场地、设施和经费保障。社区内共有老年人舞蹈队、柔力球队、太极拳协会等9支团队，常参与举办文艺晚会、邻里节活动。居民代表大会、老年协会组织的开展使老年人充分参与到社区管理当中。社区老年人日照中心占地1400平方米，有户外活动点、阅览室、棋牌室、理疗室、舞蹈房和智能化平台展示厅等，文化娱乐功能齐全，有午餐供应，为老年人提供午休餐饮、康复娱乐等日间照料，是吉安县居家养老服务典范。

（五）广泛开展宣传，让孝亲敬老成为社区的温馨底色

社区每年度评选出"最美家庭""五好家庭"，经常在社区宣传"全国敬老、爱老、助老"模范人物——蒋新东同志的事迹，开展老年人权益普法教育，对失能老人的职护者开展养老照护培训，促使其专业地履行照护责任。社区还开展邻里互助，在邻里之间开展"为空巢老人当管家"的活动，负责老年人日常生活服务，与老人聊天、陪送看病、打扫卫生等。

（六）科技助老，彰显老年服务新思路

在智能化方面，社区逐渐推广老年人智能产品使用的相关课程。例如，辖区内吉安县首家市场化运作的日间照料中心，提供了智慧平台与智能产品展示，对老年人开展"智能化服务"，引导、推广老年人智能产品的使用。

第四节 吉安市青原区河东街道铁路社区

一、社区基本情况

铁路社区成立于 2020 年 10 月,现有社区书记 1 人,社区工作人员 4 人,北起正气路 22 号,南至学苑路,西邻京九、蒙华铁路,东接邓家大院,辖区共计 6 个小区,分别为邓家坪铁路家属区、明珠小区、恒通公寓、铁建路小区、阳光商住楼小区、多元小区,总计 1225 户 3675 人。社区内共有党员 118 人,都是铁路退休职工,平均年龄 65 岁,男性党员 105 人,女性党员 13 人。

二、社区建设现状

(一)加强组织领导,着力营造良好创建氛围

自创建工作开展以来,社区成立了以支部书记为组长的工作小组,将"全国示范性老年友好型社区"创建列为铁路社区工作重点,明确分工及工作内容,并启动以铁路社区 118 名党员为代表的动员大会,集思广益,积极采纳老党员提出的有效建议,并结合实际情况纳入工作内容。同时,社区也加强了宣传工作,利用广播、标语及发放宣传单等模式对居民进行宣传教育,增强广大群众敬老、爱老、助老意识。

(二)保障居住环境安全整洁,创造美好生活

2020 年 5 月铁路社区牵头老旧小区改造。改造前,小区各项基础设施、环境卫生状况差,家禽散养、污水横流。改造后,小区道路平整、设施配套、干净整洁、安全有序、管理规范,居民的居住条件和生活品质得到明显提升,群众真正实现了从"住有所居"向"住有宜居"的转变。小区的日常保洁管理也深受重视,每周定期组织帮扶单位及志愿者开展环境卫生志愿服务活动,加强对乱堆乱放、飞线充电等问题的整治,对各小区卫生进行评比,让小区居住环境干净整洁常态化。同时,社区定期为老年人开展安全知识讲座,提升老年人的自我安全意识。

（三）加强社区出行设施建设，解老人出行之难

社区设有平整安全的步行道路，人车分流，照明设施完好，标识清晰明确，小区主要出入口都留有空地，供救护车等专用车辆停放，最大程度保证了老年人的出行安全。社区对与老年人日常生活密切相关的设施和场所进行改造，小区内设有石桌、石凳，在休闲广场设置健身器材供老年人锻炼和娱乐，促进老年人身心健康。

（四）优化社区服务，以行动标注社区服务新高度

铁路社区与河东卫生院对接，对于独居、空巢、失能、计划生育特殊家庭老年人推出个性化服务，定期入户探访慰问，并与卫生服务中心持续开展合作，通过家庭医生签约服务、上门巡诊等方式，创造便利可及的基层医疗卫生服务。铁路社区积极开展健康教育宣传工作，组织健康教育宣传活动，采取健康宣传栏、健康讲座等多种形式，普及健康老龄化理念和健康科学知识，并针对诈骗事件频发现象，大力推广防诈骗宣传教育，让老人远离诈骗。

（五）引导老年人参与，培厚老年人的精神土壤

铁路社区党员以退休老人居多。社区每月开展党员活动主题日，并组织老党员参观学习，同时铁路社区成立了老年舞蹈队和书画协会，并不定期组织开展各类文体活动，丰富了老年人的精神文化生活。社区努力引导和组织老年人参与社区治理和服务，成立了小区自治委员会，形成自收、自营、自管模式，让老年人参与到小区管理中，发挥余热。

（六）广泛开展宣传，让孝亲敬老成为社区的温馨底色

铁路社区积极组织多种形式的社区敬老爱老助老主题教育活动，评选并宣传"最美家庭""五好家庭"等，强化子女的尊老、敬老意识；对"敬老、爱老、助老"模范人物进行张榜宣传，联系相关商家定期为老年人提供免费理发、免费体检等服务，营造孝老敬亲的浓厚氛围。

第五节　吉安市遂川县新江乡新成社区

一、社区基本情况

新成社区于 2019 年 8 月 1 日成立，辖区 432 户 1280 多人，常住人口 980 多人。60 岁以上老年人有 380 多人，占 30%以上。社区辖区面积 1 个多平方千米，绿地面积占 30%。辖区是乡镇文化政治中心：有完整的教育设施，如中心幼儿园、中心小学、中学等，各种托管教育都比较完善；医院、药店、供电、供水、金融、商店、超市、农副产品贸易市场也样样齐全。这里还是遂川龙泉林场所在地，各项设施都比较健全。

二、社区建设现状

新江乡属于全国卫生乡镇，是遂川县唯一的国家级卫生乡镇。全乡卫生状况优良、环境优美，设有林乡公园、红色综合文化展览室、健身广场、文化展示长廊，建有无障碍公共卫生厕，全域道路硬化和亮化。乡卫生院对社区老人统一管理，实行家庭医生签约，每两个月为老年人进行一次健康体检，为失能瘫痪在床的老年人提供上门服务。乡卫健办每年都会对空巢老人进行慰问，组织他们开展活动。新成社区成立了老年体协组织，健全了组织机构，建立了各项规章制度，且有符合要求的室内、外活动场所，经常会开展各种文体活动，如棋牌类竞赛、乒乓球竞赛、拔河比赛，举行文艺展示表演，组织旅游参观学习，举办书画、诗歌创作展等活动。老年体协所有成员还加入了乡"教育树人基金会"，带头捐资助学，宣传带动社会爱心人士为学校捐款捐物。为了更好地形成敬老、养老体系，社区还成立了十佳养老家庭户、敬老先进个人等先进模范评议制度，营造崇德向善、守望相助的社区精神，形成关爱老人、老有所依的良好氛围，并且还建立敬老风气"十二条不准"公约。目前正在谋划筹建居家养老服务，完善养老设施，创建养老服务、活动中心，为逐步进入老龄化时代打好基础。为了满足老年人需求，新成社区构建更加合理的活动场所、更加完善的服务体系，特别注重在老年人休闲、娱乐、养生方面加大投资力度，完善养老设施，建设老年人活动广场和阅览室、活动室，实现了老有所养、老有所依、老有所获，探索社会更加和谐、协调的发展路径。

第六节　吉安市峡江县巴邱镇南门社区

一、社区基本情况

南门社区地处吉安市峡江县巴邱镇南部，辖区总面积 1.5 平方千米，驻区单位 3 个，企业 7 家，学校 1 所，医疗机构 3 个。社区办公服务用房 320 平方米，现有社区干部 5 人。社区总人口 4852 人，其中 60~79 岁 1759 人，80~89 岁 115 人，90 岁以上 21 人，百岁老人 2 人。

二、社区建设现状

（一）居住环境安全整洁

南门社区从解决"脏、乱、差"入手，加强日常保洁管理，加强对烟尘、噪声和污染等的防治，多次组织开展环境卫生志愿服务活动，搞好社区净化、绿化、美化，不断改善社区环境卫生质量。社区加强环境保护队伍建设，落实门前"三包"责任制，实行标准化卫生保洁。

（二）出行设施完善便捷

南门社区已对社区内道路设施、休憩设施、服务设施等与老年人日常生活密切相关的设施和场所进行无障碍建设，确保了老年人出行安全。

（三）社区服务便利可及

南门社区与巴邱镇卫生院对接，通过家庭医生签约服务，为老年人提供基本医疗、康复、护理、安宁疗护等服务，对提出居家和社区养老服务申请的高龄、失能、行动不便等居家老年人提供家庭病床、巡诊等上门医疗服务。社区还会定期探访独居、空巢、失能（含失智）、重残、计划生育特殊家庭等困难老年人，积极开展健康教育宣传工作，组织健康教育宣传活动，采取健康宣传栏、健康讲座等多种形式，普及健康老龄化理念和健康科学知识。

（四）社会参与广泛充分

南门社区居务监督委员会成员中老年人有一定占比，社区居民代表会议均有老年人代表参加。南门社区成立了各种基层老年社会组织和文体团队，并不定期组织开展各类文体活动，丰富了老年人精神文化生活。社区努力引导和组织老年人参与社区治理和服务，在殡葬改革棺木收缴工作中基层老年社会组织成员们带头上交棺木，对殡改工作起到极大推动作用。老年志愿服务队还会协助社区进行环境整治工作，为环境美化贡献了自己的力量。沿河路路堤拆迁工作中，老年协会会员充分利用年长辈高、威信好的优势，主动排查民间纠纷、化解居民矛盾，让老年人老有所为。

（五）孝老敬亲氛围浓厚

南门社区积极组织多种形式的社区敬老爱老助老主题教育活动，评选宣传"最美家庭""五好家庭"，强化子女的尊老、敬老意识，并对"敬老、爱老、助老"模范人物进行宣传报道。在社区老年人活动中心开展《中华人民共和国老年人权益保障法》及地方老年人权益保障法规普法宣传教育工作，增强老年人依法保护自身合法权益的意识。

（六）科技助老智慧创新

南门社区积极开展敬老、助老志愿服务活动，社区干部与志愿者经常上门为老年人解决电脑、智能手机等智能产品的使用问题，拓展老年人活动新领域。

（七）管理保障到位有力

南门社区设有专人负责老龄工作，并有专项资金用于为老服务设施的投入，支持社区各类为老服务设施的建设和正常运营。社区建立了老年友好型社区建设长效机制，以"老有所学，老有所医，老有所乐，老有所为"为指导思想，建立了全国示范性老年友好型社区工作制度、群众监督制度，统筹安排老年友好型社区建设工作。

第五章
上饶市城乡老年友好型社区建设现状

第一节　上饶市信州区北门街道长塘社区

一、社区基本情况

北门街道长塘社区位于凤凰中大道融辉城 4 栋 1 楼，成立于 2019 年 3 月，辖区东临紫阳大道，南临凤凰中大道，西接大官山、目鱼山庄，北临三清山中大道。辖区总面积为 0.54 平方千米，现有居民 1704 户 5280 人，共有 5 个网格 8 个居民小区，目前社区 60 岁以上老年人 259 人，80 岁以上老年人 28 人。社区坚持党建引领，创新基层养老机制，构建基层养老新格局，健全组织体系，以"党建＋居家养老"为特色，探索社区养老的"幸福密码"，着力打造以家庭为核心、以社区为依托、以专业化服务为依靠的医养结合社区居家养老服务新模式，让老年人过上"老有所养、老有所乐"的生活。社区先后荣获"信州区志愿服务示范社区""政务服务民生保障工作先进村居""信州区文明单位"等称号。

二、社区建设现状

（一）领导重视，主动谋划在前

创建宜居社区是加强基层基础工作和社区建设的有效途径，是为人民群众办实事、办好事的重要举措。长塘社区"两委"班子高度重视创建工作，结合社区实际，理清工作思路，提出并积极探索了"政府搭台，机构参与，老百姓受益"的宜居养老工作理念。

（二）优化提升社区基础设施

1. 秉持"以人为本"的理念打造宜居环境

社区内花草树林修剪整齐，无噪声扰民现象，保证老年人舒适的生活体验，规范社区环境卫生巡查、检查工作。社区居家养老中心设有阅览室、棋牌室、体检康复室、舞蹈室、培训室、心理咨询室、食堂、休息室、助浴室等，功能齐全，活动丰富，管理有序。

2. 着力打造"15分钟生活圈"居住区

长塘社区不断完善配套设施建设，优化小区公共活动空间环境，基于居民生命生活体验，打造更美好的社区生活居住环境，就近满足居民基本的生活需求，提供便利的公共服务，创造邻里和谐的社区氛围。该社区重视社区养老服务设施的合理配置，认为养老服务设施的配套与老年人养老服务需求合理对应是发挥好社区养老服务设施辐射作用的前提。按照人均用地不少于0.1平方米的标准，社区拟分小区分级规划将社区用房配置养老服务设施，逐步实现养老服务全覆盖，同时重视设施的设计装修和运营管理，确保设施够用、能用、实用，发挥出最大效益。

3. 社区发挥网格化管理的功能

长塘社区网格员摸清网格内孤寡老年人、空巢高龄老年人、残疾老年人、老模范等人群的具体情况，建档立卡，制定每个老年人的网格化管理看望方案：60岁以上的每月一次、70岁以上的每半月一次、80岁以上的每周一次。配备的走访人员为该辖区的网格长、红管家和包干责任在职党员，每次都登记走访记录，如果老年人有问题反映就及时解答，遇到不能答复的汇总后联系相关部门及时解决，同时登记老年人子女或其亲戚的联系方式，以便出现意外时，能第一时间通知他们的家属子女，防患于未然。

4. 积极开展志愿服务助老活动

长塘社区从老年居民的实际需求出发，让他们不出小区就能得到实惠和便利，切实感受到社区大家庭的关怀与温暖。长塘社区定期与中国志愿者协会、眼科医院、牙科诊所、中医养生机构开展义诊、义剪和相关健康知识讲座，让社区老年群体真正享受到家门口的便利服务。

(三) 丰富老年人的社会活动

长塘社区以"文明实践微夜校"平台为载体,有效整合辖区内的高知群体,包括大学教授、医院专家、书法协会会员、退役军人等各行各业退休的精英,充分发挥他们的余光余热和积极作用,引导辖区内老年人参与社区生活。长塘社区提供新时代文明实践中粮广场站和长塘站两块场地供社区老年人进行文体活动,为老年人提供群体交流、戏曲练习、舞蹈排练的场所。长塘社区利用每年"我们的节日·重阳节"活动主题,开展敬老日和敬老志愿活动,并精心策划,开展丰富多彩的关爱老年人活动,通过慰问联谊、贴春联送祝福、志愿服务等活动,一份份暖暖的关爱让社区的老年人享受到节日里的幸福。

(四) 特色养老服务体系

1."党建+居家养老"新模式

长塘社区探索构建个性化服务,依托在职党员双报到服务体系,创新"党建+居家养老"新模式,党员与社区困难老年人结对帮扶,让党建力量下沉到社区,渗透到养老服务中。党员们走进高龄、空巢、困难老年人家庭进行看望慰问,与他们聊天,了解他们的需求,实现在职党员和居民的无缝对接,让在职党员"零距离"服务社区老年群体,为他们解难事、办实事、做好事。

2."党建+幸福食堂"特色模式

长塘社区完善老年人服务中心标准化建设,与九如城养老机构合作,按"六室一场一厨"的设置,加强硬性设施的建设,为老年人提供生活照料、康复护理、助餐服务等专业化、个性化服务;打造"党建+幸福食堂"特色模式,全方位聚焦解决高龄、空巢老年人用餐难问题,建设便民、为民、惠民的幸福食堂,为独居老年人提供营养丰富的就餐服务,让老年人能乐享晚年。

3. 老年人身心健康整合型社会化管理模式

为贯彻落实中共中央、国务院《"健康中国2030"规划纲要》精神,促进老年人身心健康,推进老有所医、老有所养、老有所为,实施健康中国战略,长塘社区作为世界卫生组织(WHO)老年人身心健康整合型社会化管理模式在上饶试点项目的合作单位,成立社会心理服务指导中心,与执行单位上饶市第三人民医院合作建设长塘社区心理服务站,重视老年人心理健康,为辖区老年人提供免费心理咨询和睡眠监测，秉承着尊老、敬老的孝爱精神，为那些精神寂寞的老年人，特别是有心理疾患的老年人提供心理关怀服务，帮助老年人解开心结，鼓励老年人积极参与社会活动，摆脱寂寞、无聊的独处模式，保持乐观开朗的健康生活状态。

4. 医养结合社区居家养老服务新模式

长塘社区以党建引领老年友好型社区，关爱老年人身心健康。社区与上饶市第三人民医院、九如城养老专业机构合作，打造"白天接受照顾和参与活动，晚上回家享受家庭生活"的医养结合社区居家养老服务新模式，为老人提供膳食供应、个人照顾、保健康复、休闲娱乐、精神慰藉、紧急援助等日间服务。

第二节　上饶市弋阳县桃源街道双亭社区

一、社区基本情况

弋阳县桃源街道双亭社区是 2010 年为服务和管理改制企业 701 厂下岗职工而成立的社区，现有"两委"工作人员 6 名，辖区居民 1100 余户 3000 余人，其中 60 岁以上老年人 961 人，是一个典型的老龄化社区。一直以来，双亭社区始终把满足群众特别是老年群众的需求作为工作的第一任务，将群众的满意作为工作第一标准，立足本职、扎根基层，围绕基层党建、基础设施、精神文明、惠民实事、社会管理、深化服务等层面着力提升社区服务水平和能力，以更好满足老年人在居住环境、日常出行、健康服务、养老服务、社会参与、精神文化生活等方面的需要，社区老年人的获得感、幸福感、安全感切实得到增强。

二、社区建设现状

（一）建立工作机制，推动老年友好型社区创建工作

为推动社区创建，双亭社区成立了创建工作领导小组，社区党委书记任

组长，党委副书记任副组长，其他"两委"成员任组员。社区根据上级文件精神，制订了创建实施方案，相关人员分工负责改善居住环境，完善基础设施建设、社区群团组织，扩大社会参与，丰富老年人精神文化生活，提升为老年人服务的质量，搭建科技平台，提高为老服务的科技化水平，将各个环节落实落细。

（二）建立对标机制，完善老年友好型社区功能建设

社区"两委"对照全国示范性老年友好型社区创建标准，从以下六方面对标，以提高社区的服务功能。

1. 改善老年人居住环境

一是通过仍在施工的 2020 年双亭小区老旧小区改造工程，对困难老年人、空巢老年人房屋进行适老改造，铺设防滑地面，洗浴室增设方便老年人的扶手、洗浴器等；安装智慧消防系统，对辖区消防栓、居民用电线路进行监测，排查安全隐患，保障生活安全；植栽樟树、草皮等提高社区绿化率，营造空气清新的社区环境，通过改造必将使小区基础设施得到质的飞跃。二是不断推进整治环境问题常态化，社区定期进行"清理卫生死角"活动，消灭辖区的卫生死角；加强物业管理和宣传杜绝小区"牛皮癣"的产生；开展垃圾分类宣讲活动，加强分类意识，提高资源利用率。

2. 方便老年人日常出行

一是依托老旧小区改造，计划 2022 年在小区内加装电梯，解决老年人上下楼难题。二是增设休闲健身场所，方便老人锻炼、休憩，进行公共设施无障碍改造，重点加强楼梯扶手维修。三是优化步行系统安全设计和空间节点标志性设计，建成"15 分钟生活圈"，社区内学校、医院、菜市场、超市都能在 15 分钟内到达，方便日常生活。

3. 提升为老服务质量

一是社区居家养老服务中心与人民医院北院联合开展医养结合服务，与每位老年人签约家庭医生，建立健康档案，实施健康管理。社区通过一键式智能呼叫器 24 小时为老年人提供紧急情况救助、送米送气、生活照料、助餐助洁、康复指导等多样化养老服务。二是社区每年定期为老年人过集体生日，高度体现人文关怀。三是定期在社区开展常见病和慢性病防治健康知识讲座，发放健康宣传资料。社区建有心理咨询室，关注老年人心理健康，疏导老年人由于孤单、失能而产生的心理问题。四是开办爱心食堂，为辖区老年人提供餐饮服务，使老年人只需 6~8 元就可享受三菜一汤的就餐服务。社区为行动不便的老年人免费送餐上门，解决了辖区部分老年人就餐难、饮食差的难题，获得居民一致好评。并且，街道商还会定期为食堂捐赠资金。

4. 扩大老年人社会参与

一是成立夕阳红志愿者服务队伍，"一对一"帮扶空巢老人，生活上给予帮助，包括定期看望、整理内务、打扫卫生等。志愿者们利用腰鼓、"三句半"等宣传国家惠民政策、社区文化，提高政府在老年人心中的公信力。二是积极引导有意愿、身体健康的老年人参与社区治理，为社区建设建言献策。鼓励老年人参与社区治安巡逻、政策宣传、志愿服务。三是组织辖区共建单位、群团组织对辖区困难老年人开展结对帮扶、走访慰问等。

5. 丰富老年人精神文化生活

一是老年大学桃源分校开设合唱、舞蹈、太极、门球、乒乓球、腰鼓等多门课程，满足老年人个性化学习的需求。同时文明实践站定期开展文明宣讲、清风微讲堂、趣味运动会、文艺演出等活动，丰富老年人日常生活。二是社区图书馆可为老年人提供各类书籍和每日报纸，提高居民文化素养。三是引导群众弘扬孝老爱亲传统美德，建有"行善""敬孝"亭，倡导孝敬父母长辈，履行孝老、敬老责任。四是向社区群众发出敬老、爱老倡议书，引导社区群众争做"尊老、敬老、爱老、助老"践行者、志愿者、示范者，营造"家·桃源"的文化氛围。五是定期开展多种形式的文化宣传活动，以群众喜闻乐见的快板、"三句半"、小品等形式广泛宣传精神文明、垃圾分类、12340群众满意度、老年人权益保护等知识。

6. 提高为老服务科技化水平

双亭社区引进"援通社区智能化管理服务系统"，建立社区智能化服务中心平台。该智能平台通过"一键通"固定呼叫器直接与用户连接，用户可以通过呼叫器上"红、绿"两种颜色的按键有选择性地反映求助或求救信息。该智能化信息服务平台可以将社区居委会、社区医院、劳动保障、物业公司、"120"、"110"、"119"等紧急求援系统及老百姓日常生活必需的专业服务商、邻居、子女整合起来，形成一个操作方便、反应迅速、服务到位、成本极低、高度分工、通力协作联网联动的服务大平台，让老年人足不出户就能享受到日托、购物、配餐、送餐、家政等一般性服务及医疗保健、法律维权、文化教育、体育健身等专项服务。

（三）强化工作要求，保证老年友好型社区创建质量

一是全面压实责任。双亭社区"两委"定期召开会议，分析工作推进情况和存在问题，及时制定相关措施，确保试点工作按时落实。二是落实资金保障。配套资金实行专款专用，项目实施过程中做到资金使用公开、建设单位公开、项目决算公开，任何组织、机构和个人不得以任何形式截留、挤占、挪用和骗取试点专项资金。三是加强检查监督。双亭社区通过三务公开栏定期向社区居民公布本次创建工作的进度，加强群众监督。

第三节　上饶市余干县城市社区管委会周桥社区

一、社区基本情况

周桥社区于 2001 年 3 月成立，地处县城中心片区，是城中老社区，面积约 3.03 平方千米，所辖范围东至大头超市，南至敬老院，西至老土管局，北至龟山村对面，管辖 7 个小区，分 8 个网格小组，共 1984 户 4090 余人，其中 65 岁以上老年人 432 人，80 岁以上老年人 78 人，90 岁以上老年人 7 人，100 岁及以上老年人 1 人。

社区现有老年人服务中心机构 1 家，老年人志愿服务队 1 支，基层医疗卫生服务机构 6 个，老年人活动场所 12 个，基本能满足老年人在居住环境、日常出行、健康服务、养老服务、社会参与、精神文化生活等方面的需要。

二、社区建设现状

周桥社区以"创建全国示范性老年友好型社区"为目标，以"互联网+"为创新引擎，以促进信息和资源共享为重点，着力构建便捷、高效的社区管理和民生服务体系。

（一）提升家庭适老化水平

周桥社区推进家庭适老化改造，分类实施困境老年人居家环境适老化改造计划，通过政府补贴、产业引导和家庭自负的方式，鼓励更多家庭开展居家环境适老化改造；逐步建立老年人居家环境适老化改造机制，构建统一的适老化改造工作平台，优化服务流程，为老年人提供一站式改造服务；强化家庭养老服务支持，鼓励推广家庭养老照护床位建设；整合对接各类服务资源，建立家庭养老照护床位与家庭病床、家庭医生的联动机制，提升服务专业性和整合性，实现医养、康养相结合，将专业照护服务延伸至失能老年人家中，并对老年人家居环境和床位配置进行必要的适老化改造。

（二）打造适老生活环境

周桥社区着力打造居住区"15分钟生活圈"，按照最新发布的完整居住社区的建设标准，完善配套设施建设，按照人均用地不少于0.1平方米的标准，分区分级规划设置养老服务设施，逐步实现养老服务的全覆盖，同时重视设施的设计装修和运营管理，确保设施够用、能用、实用，发挥出最大效益。

（三）建设适老出行环境

周桥社区推行居住区内无障碍通行，加强老年人住宅公共设施无障碍改造，重点对单元门、坡道、电梯、扶手等公共建筑节点进行改造，满足老年人基本的安全通行需求；构建社区安全便捷步行路网，优化道路交通体系，规范停车，清除路面障碍物，方便老年人日常出行和活动；小规模、分阶段对老旧小区道路进行维修改造，整顿无序停车及停车占道问题；发展适老公共交通，加强道路、公共交通建筑、公共交通工具等的无障碍建设与改造，对区域内交通路口人行通道过长、红绿灯时间短问题，增设人行道、安全岛等设施。

（四）推进老年友好型社区示范工程建设

周桥社区实施"四个一"工程，即编制一个建设规划，明确发展目标；推行一个指标体系，明确评价标准；制订一个建设方案，明确工作抓手；打造一批社区适老宜居项目，放大示范效应。社区将老年宜居环境规划要求和建设理念全面融入城市更新和街区保护更新计划，提高街道责任规划师对老年人宜居环境建设重要性的认识，切实提升居住环境适老宜居水平，为居家养老提供良好的环境支撑。

第四节 上饶市婺源县紫阳镇茶苑社区

一、社区基本情况

茶苑社区成立于 2018 年 1 月，位于婺源县西侧，东起朱熹大道，南至金庸大道，西至工业六路，北至清华路。辖区内现有 10 个居民小区，常住居民 1.5 万余人，其中 60 岁以上老年人 758 人，下设 3 个党支部，在职党员 368 人。社区内有企事业单位、交通局、长运胜达有限公司、华星广场、中医院、茶职院、文博艺术公园、农商银行等。社区内人口密集，交通便利，环境优美，绿化率达 45%。

社区荣获全县"2018 年社区人防工作先进单位"、全市"2019 年人防工作社区先进单位"、"2019 年全国健康促进县健康社区"、"2020 年社区养老服务中心试点单位"、"2021 年残疾人康复站"等称号。

二、社区建设现状

社区工作坚持以党建为引领，紧紧围绕"以人为本，服务居民""小社区，大服务"等目标，着力构建管理有序、服务完善、环境优美、文明祥和的新型社区。围绕老年人"老有所养、老有所医、老有所乐、老有所教、老有所学、老有所为"这个目标，以服务老年人、提高老年人的生活质量为根本出发点，茶苑社区开展了形式多样的健康教育活动，建立了一套较科学、规范的管理制度，把社区当成了居民拥护和老年人欢迎的健康快乐之家。在老年友好型社区的建设中，茶苑社区的主要做法如下：

（一）狠抓队伍建设

茶苑社区成立老龄工作领导小组，社区书记担任组长，副书记担任副组长，其他委员为成员，各项工作有人专管、相互协调。社区建成一支助老志愿者队伍，志愿者成员由退休健康低龄老年人、青壮年、居民等组成，其中部分志愿者为党员。社区还指派专人负责老龄工作，帮助老年人学习使用电脑、智能手机等智能产品和智能技术，缩小老年人群与青年人群之间的"数字鸿沟"。

（二）提高服务意识

一是抓好硬件服务设施建设。2020年建立了茶苑社区养老服务中心，2021年3月试营业，内设幸福食堂、休闲娱乐中心、理发室、阅览室、书法室等，以更好地服务老年人。二是积极为广大老年人提供各种有益的服务。结合辖区单位资源，中医院、紫阳卫生院为小区老年人免费健康检查，宣传健康知识，为中老年人提供生活照料、精神慰藉、康复指导等多样化养老服务。社区还建立了针对独居、留守、重残、计划生育特殊家庭老年人等的工作机制，极大促进了社区和谐。三是注重老年人精神文明建设。茶苑社区组织老年人开展书法培训、老年人广场舞队，利用节假日开展丰富多彩的活动。四是居住环境安全整洁。茶苑社区定期对独居、留守、失能（含失智）、重残、计划生育特殊老年人家庭用水、用电和用煤等设施进行安全检查或入户排查，对老化或损坏的设施及时改造、维修，排除安全隐患，生活垃圾做到日产日清，维持社区环境的干净整洁。

（三）规范化管理社区，方便老年人的日常生活

茶苑社区对全社区60岁以上老年人的基本情况登记在册，加强公共设施无障碍改造，保障老年人出行安全。建立健全安全隐患排查机制，及时发现并消除安全隐患。在小区各主要路口及地段安装高清摄像头，对来往车辆进行登记，小区内划有停车位，确保车辆有序停放，消防及救援通道畅通无阻。

（四）加大学习教育力度

茶苑社区坚持以人为本的理念，社区依托老年学校、养老服务中心、康复站等场所，学习党的方针政策、医学保健知识及家庭教育知识等，不定期组织老年人学习禁毒防毒、防诈骗知识，维护和保障老年人权益，使其安度晚年。在关心老有所学的同时，鼓励老年同志发挥余热，开展老年人志愿活动，让老年人老有所为，满足老年人的社会参与需求。

第五节　上饶市广丰区永丰街道丰源社区

一、社区基本情况

丰源社区成立于 2018 年，地处广丰新城区，辖区面积 0.55 平方千米，区行政服务中心大楼坐落于本辖区，辖区范围内有 2 个小区，2213 户 5014 人，社区干部 8 名。社区 60 岁以上老年人有 1206 人，占辖区总人口的 36%。2019 年，社区内成立了居家养老中心。近年来，社区在上级领导关怀下，在主管部门具体指导下，认真遵循老年友好型社区的工作方针，坚持从社区老年工作的实际出发，以"创出特色、创出成效"为指导思想，把老年工作作为一项重要工作来抓，不断创新老年体育活动形式，积极开展各种健康有益的活动，丰富了社区老年人的晚年生活，使老年人老有所乐、老有所学。

二、社区建设现状

（一）建立老年基本情况档案

丰源社区通过深入调查和研究走访，对社区老年人状况和需求进行了摸底调查，从收入状况、现居住状况、养老意愿、服务项目等方面着手展开调查，每年两次逐一上门进行摸底，并建档造册登记，分类管理，全面掌握情况；针对老年人的年龄、身体状况、工资情况、医疗保险、家庭状况等不同情况进行分类登记，基本信息动态管理到位，基本信息表内容完整准确，并对 80 岁以上高龄老年人、特困老年人、孤寡老年人、长期重病老年人、特困企业中共党员等特殊人群做出标识，设立为特别关注对象，经常上门，主动服务。

（二）建立健全老年工作队伍

丰源社区通过资源整合，充分掌握有效资源，现已成立一支为老服务的志愿队伍，对高龄、空巢、重病、困难老年人提供志愿陪伴等形式多样的温情关爱服务。社区服务队无偿帮助老年人，如老年人身体不舒服时帮助购买生活必需品等。社区还建立起"一对一"结对帮扶体系，社区干部、楼栋信息员、社区志愿者与老年人结对子、交朋友，定期到老年人家中了解需求。

（三）建立健全老年工作服务

丰源社区充分发挥各涉老工作部门的职能作用，在物质、技术和人员培训等方面建立健全服务网络。一是依托社区服务中心，建立完善的社区养老保障网络，为社区老年人提供高龄补助金发放、低保补助金发放、社保年检等服务。二是依托社区卫生服务站，建立医疗服务网络，为老年人提供家庭医疗、老年健康教育、建立老年健康档案等服务。三是依托社区老年服务站，建立生活照料网络，为空巢、孤寡、残疾老年人提供照料项目和日常服务项目。四是依托社区老年服务中心，建立文化教育网络，组织开展老年文化、娱乐、教育、体育健身等活动。五是依托社区，为老年人提供法律咨询、法律援助、司法调解以及维护老年人赡养、财产、婚姻等合法权益的服务。

（四）丰富老年人的精神文化生活

老年精神文化事业的建设关系到老年人的幸福，这就需要社区充分利用有效资源，去组织、引导老年人参与各种科学、健康的文化活动，发挥老年人的积极性、主动性，从而真正满足老年人的精神文化需求，真正丰富老年人的精神文化生活。丰源社区辖区内有一个环境优美、占地 512 平方米的老年活动中心，内有乒乓球室、书画室、棋牌室和报刊阅览室，健身设施齐全。社区组建了拳剑、乒乓球、广场舞、书画等兴趣小组，通过开展"歌舞常乐夕阳红"项目，进一步丰富老年人文体娱乐活动。社区定期开展适合老年人的有益其身心健康的书画、乐器、手工等活动，组织老年运动会、文艺汇演，活跃老年人的身心，开阔他们的视野，让老年人在活动中展现自己的才华，体现自己的价值，不断满足老年人健身、娱乐、表演展示等方面的需求。

第六章
九江市城乡老年友好型社区建设现状

第一节　九江市湖口县双钟镇柘矶社区

一、社区基本情况

柘矶社区原位于湖口县东侧约 4 千米处，东邻湖口县金沙湾工业园。辖内住户 165 户 756 人，总建筑面积 35025 平方米。2015 年，为配合湖口县委、县政府对金沙湾工业园区的发展与建设，在双钟镇党委、政府的同意和支持下，柘矶社区整体搬迁至叶家舍安置小区。社区现占地面积 177 亩，辖内共有 33 栋居民住宅楼，建筑面积约 210980 平方米，有居民 1197 户 5000 余人。社区先后荣获"九江市精神文明建设文明村"、"江西省社区治安综合治理安全村"、"省级充分就业星级社区"、"全国妇联基层组织建设示范村"、"江西省省级民主法治示范社区"、"九江市创建'五好'关工委示范社区"、"绿色社区，美丽家园"示范社区等称号。

二、社区建设现状

为了提升社区服务能力和水平，更好地满足老年人居住环境、日常出行、健康服务、养老服务、社会参与、精神文化生活等需要，探索建立老年友好型社区创建工作模式和长效机制，切实增强老年人的获得感、幸福感、安全感，柘矶社区推行了以下两点方案：

（一）加强领导，健全组织

柘矶社区成立了以社区书记为组长，社区干部、党员为成员的创建工作领导小组，建立了以党支部为核心、以居委会为主体、以志愿者服务为依托的服务体系，以便民利民为宗旨，为广大社区居民在居家养老、救助保障、医疗保健、居民教育、普法维权、文化娱乐等方面提供细致、周到的服务。社区组建了各种便民、利民的志愿者服务队伍，及时为辖区居民、老年人提供爱心服务，本着自我管理、自我教育、自我服务的原则，竭诚为社区居民提供热情、周到、优质的服务。

（二）完善功能，提升服务

1. 创办居家养老服务中心

为适应社区人口老龄化发展的客观要求，建立完善的居委会服务体系，柘矶社区以改善困难老年人生活、提高老年人生活质量为目的，于 2018 年 6 月开始，历时近 4 个月，建设了一间占地面积约 400 平方米的居家养老服务中心。服务中心遵循真诚、关爱、沟通、服务的基本理念，以满足老年人群日益增强的需求为出发点，所设项目充分适应社会发展及时代需求，将家政服务的重点放在了对特困、高龄、病残、空巢、孤寡老人的为老服务上，积极探索新形势下居委会养老服务的新机制、新途径、新方法，向本社区居家老年人开展以生活照料、家政服务、安全看护、医疗保健、精神慰藉、文化娱乐为主要内容的社会化服务，使老年人更幸福，社会更和谐。

2. 建设柘矶社区村史馆和装修新办公室

柘矶社区坚持贴近实际、贴近生活、贴近群众的原则，围绕构建公共文化服务体系、加大宣传柘矶精神文明建设的目标，于 2018 年 11 月精心策划并建设了村史馆。村史馆既丰富了群众文化生活，又为群众留住了乡愁、记下了历史、传承了根脉。2019 年开始，社区装修了新的便民服务中心和办公室，总面积 600 多平方米。新便民服务中心和办公室的落成，为居民提供了更加良好的服务场所，给社区居民带来更人性化、更全面的服务。

3. 关爱留守老人，提升生活质量

柘矶社区通过定期走访、全面排查，及时掌握社区留守老人的家庭情况、生活状况。社区充分发挥居家养老服务中心的作用，为留守老人提供健身娱乐场地，丰富其精神生活，还为其提供生活照料、家政服务、精神慰藉、紧

急救助、康复护理等居家养老服务。

4．树活动纽带，创文明新风

为丰富社区群众文化生活，激发健康向上的精神风貌，柘矶社区组建晨练队、广场腰鼓舞队、书法队，吸纳了许多退休职工和老人。这些老年人活动队伍一方面使社区居民的业余文化生活不再单调、枯燥；另一方面在重大节假日期间，社区发挥宣传作用，寓教于乐，广泛向居民宣传"老年友好型社区"的概念。

第二节　九江市浔阳区甘棠街道龙山社区

一、社区基本情况

甘棠街道龙山社区坐落在江西省九江市浔阳区城区中心，辖区面积约 0.6 平方千米，东临北司路，南至浔阳东路，西至甘棠北路，北至北司北路。辖区均为老旧、分散式居民楼，仅有 2 个物业小区，辖区居民均为下岗破产改制单位人员等困难群体，现有 2733 户 6700 余人，老人较多。龙山社区原办公地点在小校场 102 号，面积约为 50 平方米，办公面积较小，且条件简陋，居民办事极为不便。2018 年 1 月，社区办公地点搬至北司家园安置小区 3 栋，面积约 1500 平方米，分为便民服务中心和龙山社区养老服务中心两部分。近年来，龙山社区在上级和有关单位的帮助、指导下，大力开展各种形式的创建活动。

二、社区建设现状

（一）完善基础设施

龙山社区便民服务中心面积为 336 平方米，分为上下两层，一层涵盖便民服务大厅、党员教育管理、民生事务办理、社情民意受理、学雷锋志愿服务站等；二层为多功能活动室、会议室等。龙山社区养老服务中心是按照 5A 级标准建设的社区养老服务中心，面积约 1000 平方米，设有前台接待、中央厨房、餐厅、康复医疗中心、文化娱乐活动、日间照料等功能室，可为周边老人提供"助餐、助医、助洁、助行、助浴、助急"等方面的居家养老上门服务。

（二）优化工作形式

龙山社区建立了"有事先商量"议事机制，通过辖区居民群众提议、社区商议、党组织决议，由社区、职能部门、利益相关方三方共同协商涉及居民切实利益的社区事务。社区实行民主开放式社区治理，成立社区居务监督委员会、居民理事会，对社区各项事务全程参与、实时监督。社区还利用微信群、云喇叭、宣传栏等宣传方式，线上线下同步公开惠民政策信息，定期走访居民。社区坚持问计于民、问需于民，动员居民共同参与社区治理。

（三）创新养老模式

龙山社区党委将基层党建"三化"建设与养老工作有机结合，着重突出服务群众规范化建设，构建形成"党建引领、政府主导、市场运作"的居家养老新模式——"党建+居家养老+志愿服务"。该模式以辖区1500余名老人需求为基础，形成"基层党组织—党员志愿者—养老服务机构—社区嵌入式居家养老—辖区老年人"新型"家庭"关系，全面提升社区居家养老服务水平，让老人在家门口实现"老有所依、老有所养、老有所学、老有所乐"，切实提升老人获得感和幸福感。

（四）提升服务质量

龙山社区养老服务中心推行"三联三服务"模式，将养老服务中心的党员吸纳进北司路党支部，细化党员在养老服务工作中的职责任务。养老服务中心按照"1名党员联系1名工作人员，1名工作人员联系一个服务区（同时联系片区服务对象）"的模式，落实党员负责养老服务质量"保障制"，突出发挥党员先锋模范作用，实现了社会组织管理与党的建设同步。养老服务中心针对老人行动不便、缺乏生活照料和精神慰藉等实际需求，全面实行以"定点上门服务、日间照料服务、网络通信服务"为主的"三服务"业务模式；实行全程上门服务、日间照料服务、网络通信服务，实现"24小时随叫随到"，确保随时掌握老人健康动态。社区坚持"政府暖心、老人开心、子女放心"的服务理念，将党建优势转变为服务优势，经常性开展志愿者献爱心、送文化进养老中心等活动，组织党员干部陪老年人包饺子、下象棋、拉家常，有效满足了老年人日间照料、情感交流、精神慰藉、文化娱乐等方面的需求。

（五）丰富老年生活

为丰富辖区居民业余生活，龙山社区开展了形式多样、内容丰富的活动，包含各种安全健康教育知识讲座、学雷锋志愿者活动、大型文艺汇演、运动会，以及"春节""端午""中秋""七一""八一""国庆"等节日活动。2018年起，社区相继成立了京剧沙龙队、书法队、舞蹈队等文娱活动队伍，让辖区居民在闲暇之余充分享受社区生活。通过几年努力，社区老年人业余生活得到了充实，幸福指数不断提升，居民满意度不断提高，社区工作得到辖区居民的一致好评。同时，社区在2018年被省民政厅授予全省"绿色社区，美丽家园"示范社区称号。

第三节　九江市瑞昌市码头镇东街社区

一、社区基本情况

瑞昌市码头镇东街社区成立于1999年，西至高塘路东侧，东至金城丽景小区，地处交通比较便利的地段。社区居委会办公场所位于码头镇荣华苑甲区物业大楼内。随着经济建设、文化建设的不断推进，目前社区管辖面积达2.55平方千米，有7个居民小组，镇政府、学校、中心医院、汽车站、广播站等均在辖区范围，目前辖区946户2573余人，其中60岁以上老年人604人。

在镇党委、政府和相关部门的支持下，社区新办公场所于2017年5月投入使用，面积1000余平方米，共分三层：一层为文化活动中心、关工委、农家书屋、妇女儿童之家、社区居家养老服务中心（致力于为社区留守老人提供就餐服务），以满足社区老人"不离家、不离亲、不离伴"的感情需求，切实提升老年人获得感和幸福感；二层为党群服务中心，涵盖党员服务、民生事务办理、社情民意受理、矛盾纠纷调解、退役军人服务、协商议事；三层包括新时代文明实践站、党员活动室、会议室、党员教育展览馆。社区充分利用并整合各类活动场所开展常态化活动和重大活动，包括党员学习教育、便民服务，各类安全、健康讲座以及"七一""八一""重阳节""十一"节日活动等。

随着老龄化社会的到来，居家养老和社区服务一体化发展是必然趋势。东街社区积极应对，创新健康、绿色居家养老模式，整合服务资源，为老人开展各项服务并对服务流程和质量进行监管，走出了一条社区居家养老的幸福路，倡导老人健身、休闲、养生、养心，让老人颐养天年，让老人幸福地生活。

通过努力，东街社区老年人的业余生活得到了充实，幸福指数不断提升，居民满意度提高，辖区居民的好评不断。同时，社区在 2019 年被瑞昌市授予"绿色社区"称号、2020 年被授予瑞昌市"文明社区"及江西省综合减灾示范社区称号。

二、社区建设现状

为贯彻落实党中央、国务院有关部署，实施积极应对人口老龄化国家战略，东街社区全力推进老年友好型社区创建工作，积极应对老龄化社会的到来，进一步实现老有所居、老有所养、老有所乐、老有所为。

（一）设置专人负责老龄工作

针对辖区老人不同层次需求，东街社区充分发挥小组长的作用，从改善老年人的居住环境、方便老年人的日常出行、提升为老服务的质量、扩大老年人的社会参与、丰富老年人的精神文化生活、提高为老服务的科技化水平等六个方面着手，逐步增加社区为老服务设施的财力投入，建设各类为老服务设施和维持设施的正常运营，在探索中逐步建设好老年友好型社区。

（二）居住环境安全整洁

东街社区组织网格员定期对独居、留守、失能等老年人家庭用水、用电进行安全排查，及时通知供电部门改造、维修老化或损坏的设施，排除安全隐患。社区也会及时督促保洁员对生活垃圾及时清扫、收集，引导并帮助老年人养成良好卫生习惯。

（三）出行设施完善便捷

东街社区步行道路安全便利，基本完成硬化处理，通过网格员每日巡查，及时修缮破损路面，保持路面平整安全。社区主干道路和老年人活动场所均已安装路灯，能帮助老年人安全通行。

（四）社区服务便利可及

东街社区设置了幸福食堂、康乐之家等功能空间，提供助餐服务、文化娱乐、健康管理等居家养老服务，为社区留守老人提供就餐服务。东街社区卫生所为老年人提供便利的基本医疗卫生服务，并定期对失能、半失能老人提供上门服务，提供生活方式和健康状况评估以及健康指导等健康管理服务，共为 365 位重点老年人建立了健康台账，使 60% 的家庭签订了家庭医生服务协议，为 273 名 70 岁以上老年人免费办理了意外保险，解决了其子女的后顾之忧。东街社区还联合公安分局对老年人进行防骗知识宣传，加强老年人的防骗意识，保护其合法利益不受损害。

（五）社会参与广泛充分

东街社区建立"有事先商量"议事机制，开展社区志愿者服务等社区活动，引导和组织老年人参与社区治理和服务，充分发挥老年人的积极性，提高老年人的社会参与度，增强老年人的获得感、幸福感、安全感。社区组建多种以老年人为主的文艺队伍，其中包括 16 人的舞蹈队、18 人的太极拳队、12 人的柔力球队、12 人的健身球队，丰富了老年人的精神文化生活。截至目前共参加太极拳比赛、北边运动会、柔力球比赛、扫黄打非表演等大型活动 14 余次。

（六）孝亲敬老氛围浓厚

东街社区通过宣传栏、电子显示屏等，强化家庭在老年人赡养与关爱服务中的主体责任，增强居民对家庭赡养义务人的道德约束，组织多种形式的敬老、爱老、助老主题活动，进一步强化"乡风文明"建设。

（七）科技助老智慧创新

东街社区利用微信群等信息化手段，线上线下同步公开惠民政策，每年至少组织一次科普知识学习，提高老年人科技化水平，定期走访老年居民，收集意见。社区坚持问计于民、问需于民，动员居民共同参与社区治理。

（八）管理保障到位有力

东街社区有专人负责老龄工作，为 48 名 80 岁以上的老年人办理高龄补贴，并通过了群众提议、社区商议、党组织决议。实行开放式社区治理，居务监督委员会对涉及老年人切实利益的社区各项事务全程参与、实时监督，促进老年友好型社区长效机制的建立。

第四节　九江市修水县宁州镇东村社区

一、社区基本情况

宁州镇东村社区于 2014 年 10 月成立，现有社区干部 5 人，社区办公场所在汪坑安置小区 18 栋 119-121、111-114，面积约 320 平方米。社区范围为财富首府小区至东方御景小区路段，社区内有汪坑安置小区、鸿泰小区、凤凰广场、玉龙国际等 2 个安置小区和 5 个商住小区以及义乌返乡创业园，居民大约 4800 户 8600 多人，分 8 个居民小组，4 个网格。

东村社区在修宁县委、县政府的领导下，在各单位部门的大力支持下，在全体工作人员的共同努力下，取得了一定的成绩，受到县委县政府、镇党委政府以及各单位部门的一致好评，并接受了表彰。一是县级表彰：2015 年度县"先进社区"、2017 年度县"先进社区"。二是单位部门表彰：2015 年度"老年体育先进单位"、2018 年度"老年体育工作先进基层组织"、2019 年度市级防灾减灾示范点、2019 年度市级"双零"示范社区。三是宁州镇表彰：2015 年度"城市创建与管理先进单位"、2016 年度"城市创建与管理先进单位"、2016 年度"党的建设先进单位"、2017 年度"先进基层党组织"、2017 年度"为民办实事先进单位"、2017 年度"计划生育先进单位"、2018 年度"武装工作先进单位"、2018 年度"垃圾治理工作先进单位"、2018 年度"城市创建与管理先进单位"、2018 年度"帮扶工作先进单位"、2019 年度"先进党组织"。

二、社区建设现状

东村社区自成立之初就致力于社区高标准建设，精心打造品牌社区，全心全意为居民服务。针对社区留守老人多的问题，社区从增强老年人的获得感、幸福感、安全感出发，从倡导"科学、环保、健康、文明"的生活方式入手，扎实开展"老年友好型社区"的创建工作，初步形成了环境整洁优美、社会秩序安定、邻里关系和睦、社区文化活动丰富、居民安居乐业的社区环境。

（一）组织体系规范化

东村社区以党建为引领、以居民需求为导向，通过民主选举建立健全了社区"两委"班子。社区办公服务机构健全，下设人民调解、治安保卫、公共卫生等委员会，各组织分工明确、职责清楚。社区党建联建机制健全，与共建单位党建工作有机连接、资源共享、机制衔接、功能优化，各联建单位积极主动为社区开展各种志愿帮扶活动，充分发挥了党组织的战斗堡垒作用及领导核心作用。

以创建老年友好型社区为目标，东村社区成立了以社区党支部书记为组长，社区居委会副主任为副组长，社区干部、党员、退休干部、居民小组长为成员的创建工作小组；制订了创建工作计划和目标责任，形成社区组织抓长效、社区居民广泛参与的创建机制，做到组织领导到位、责任落实到位；制定了各项规章制度，群策群力，在社区形成共创"老年友好型社区"的良性工作机制。

辖区内修水县爱心联合会、修水县巾帼志愿者协会、女企业家协会等社会组织团体与社区紧密联系，经常开展各种公益活动。社区老年人太极拳队、东村社区徒步队、东村社区老年人舞蹈队等文体队伍进一步丰富了老年人的文化娱乐生活。

（二）平台建设标准化

社区办公用房配建标准、功能健全，辖区内各小区均有老年室内外活动场所。社区本着"以人为本"的服务宗旨，积极争取政策，全力开发各种资源，开办了以服务空巢、失独、失能、高龄老人为主的社区老年人颐养之家。颐养之家占地 360 平方米，通过精心设计与装饰，设置了餐饮、厨房、卫生间、电视、图书、棋牌等活动场所，为老人提供高质量的服务。社区先后开办了少儿服务站、妇女之家、青年空间、课外辅导站、儿童幸福家园等，为社区老年人提供了发挥余热的平台，真正做到让老年人老有所为、老有所乐、老有所依。

社区还注重对居民意识形态方面的引导，为大力宣传爱老、敬老的典范事迹，社区专门请记者将先进事迹在修水报上进行宣传。社区办公场设有室外宣传栏，张贴宣传消防、禁毒、预防青少年犯罪、邻里互助、敬老、助残、反家暴等内容，并定期进行内容更新。社区还开设家长学校，邀请司法部门领导及有一定经验的讲师为老年人授课，使老年人能获取相关法律及生活知识，提高公众参与意识。社区各类居民人员电子台账齐全，分类建立了老年人、学龄前儿童、低保对象、留守儿童、残疾人等数据信息，特别是为空巢、孤寡、家庭困难的老年人另设档案，以更好地管理，为老年人提供更好的服务。

（三）老年活动常态化

文化是精神的食粮，为满足广大老年人的精神追求，增加老年人的幸福感，东村社区经常开展各类文体活动，利用各种宣传载体为创建老年友好型社区营造良好的人文氛围，使创建活动达到家喻户晓、人人皆知，提高居民参与的积极性。

东村社区开展的活动内容丰富，如义务劳动、志愿服务、慰问留守老人、走访贫困家庭、开展教育讲堂等主题新颖的活动，充分发挥社区团结、友好、互助的作用。社区还举办老年人趣味运动会，组织老年人到雨花斋参加"关爱老人"主题活动，带老年人参观禁毒基地，举办老年人广场舞比赛，组织到马坳镇敬老院开展"重阳节送温暖"活动等，让老年人在活动中联络感情，在交往中增进友情，提高老年人参与社区建设的积极性，丰富老年人的业余文化生活，不断提高老年人的幸福感和获得感。

（四）生活环境宜居化

东村社区环境优美、整洁，绿化率达到了30%。为给社区居民创造良好治安环境，社区成立了治安巡逻队，定期组织到社区辖区内进行治安巡逻，排除安全隐患，为社区治安保驾护航；开展了禁毒、社区消防设施达标、预防青少年犯罪、敬老等宣传教育活动，增强居民防范意识，提高居民安全防范能力，引导社会风气向好发展。

第五节　九江市永修县涂埠镇湖东社区

一、社区基本情况

永修县涂埠镇湖东社区坐落于永修城东，于 2010 年在原国有中型企业江西平板玻璃厂改制后落实属地管理而成立，随着县城政治建设、经济建设、文化建设向城东发展，现管辖区面积 6 平方千米，县委、县政府、县委党校、人民医院、第二中学、汽车站等均在辖区范围内，有 10 个物业小区，目前共 4500 户 15000 余人。

随着辖区面积的不断扩展及入住居民的增加，社区办公场所于 2019 年 7 月投入使用，面积 800 余平方米，分上下两层：一层为党群服务大厅，涵盖党员教育管理、民生事务办理、社情民意受理、矛盾纠纷调解、智能警务安防、智慧城市管理等功能；二层为新时代文明实践站，整合党组织工、青、妇等群团组织，志愿者协会，文化类协会等社会组织。西侧为 2020 年 6 月新建的湖东社区居家养老服务中心，面积为 200 余平方米，致力于为社区老人提供就餐服务、红色影院、文化娱乐、健康管理等社区居家养老服务，满足社区老年人"不离家、不离亲、不离伴"的感情需求，切实提升其获得感和幸福感。社区还充分利用各类活动场所开展常态化活动和重大活动，主要有党员学习教育、居民代表大会议事、便民服务、各类安全健康讲座和"七一""八一""重阳节"等节日活动等。

随着老龄化社会的到来，居家养老和社区服务一体化发展是必然趋势，社区积极应对，创新医养、康养、疗养、居家养老相结合模式，整合服务资源，为老人开展各项服务并对服务流程和质量进行监管，从而塑造口碑，蹚出了一条社区居家养老的幸福路，倡导老人健身、休闲、养生、养心，让老人颐养天年。

通过努力，社区老年人业余生活得到了充实，幸福指数不断提升，居民满意度提高，得到辖区居民的好评。社区在 2019 年被省民政厅授予全省"绿色社区，美丽家园"示范社区，2020 年 12 月荣获全省"先进基层党组织及江西省抗击新冠肺炎疫情先进集体"。

二、社区建设现状

为贯彻落实党中央、国务院有关部署，实施积极应对人口老龄化国家战略，推进老年友好型社区建设，积极应对老龄化社会的到来，湖东社区开展了适老化改造。为了让独居的"我"感到安全、踏实，针对辖区老人不同层次需求，湖东社区设置了幸福食堂、康乐之家、健康小屋等功能空间，提供助餐服务、红色影院、文化娱乐、健康管理等居家养老服务，提升社区居民的获得感和幸福感。社区建立了"有事先商量"议事机制，通过群众提议、社区商议、党组织决议，由社区、职能部门、利益相关方、第三方共同协商涉及居民切实利益的社区事务。社区实行开放式社区治理，成立社区居务监督委员会，对社区各项事务全程参与、实时监督。利用微信群等信息化手段，线上线下同步公开惠民政策，定期走访居民。湖东社区问计于民、问需于民，动员居民共同参与社区治理。

在涂埠镇及相关部门的关心支持下，湖东社区居家养老中心按照"简明、经济、实用"的原则，投入资金近 40 万元。自 2020 年 6 月运行以来，受到了辖区居民的欢迎。居家养老中心既是基层组织建设先行区，也是上级相关部门着力打造的基层亮点，不仅是辖区居民办事的窗口和居民休闲中心，也是附近居民亲朋好友来访时交流的场所。健身房、娱乐室、图书阅览室免费开放，由专人管理，对有助餐需求老人做到态度热情、诚恳待人、饭菜可口。同时，对失能、半失能老年人提供定期上门服务，解决其子女的后顾之忧。

第七章
宜春市城乡老年友好型社区建设现状

第一节　宜春市丰城市河洲街道玉龙社区

一、社区基本情况

丰城市河洲街道玉龙社区成立于 2010 年 10 月，地处丰城市新城区中心地段，辖 3 个住宅小区，划分为 8 个网格，总面积 0.6 平方千米，目前入住居民 2108 户 7720 人，其中老年人 1200 余人。玉龙社区党群服务中心室内面积约 1300 平方米，设有便民服务厅、道德讲堂（老年大学）、"好人银行"、金牌调解室、家政（快递）驿站、心理咨询室、图书阅览室、爱心超市、老年棋牌室、社区卫生所、居家养老中心（日照中心）、幸福食堂、舞蹈室、老年亲子乐园、康复训练室、妇女儿童之家、国防教育馆等 20 多个功能室，为广大居民提供了良好的居家养老和健身娱乐条件，是创新社区综合治理的服务平台和居民群众的温馨家园。

二、社区建设现状

（一）改善老年人的居住环境

玉龙社区支持对老年人住房的空间布局、地面、扶手、厨房设备、如厕洗浴设备、紧急呼叫设备等进行适老化改造、维修和配备，降低老年人生活风险；建立社区防火和紧急救援网络，完善老年人住宅防火和紧急救援救助功能；定期开展独居、空巢、留守、失能（含失智）、重残、计划生育特殊家庭老年人家庭用水、用电和用气等设施安全检查，及时进行改造、维修老化或损坏的设施，排除安全隐患；加强社区生态环境建设，大力绿化和美化社区，营造卫生清洁、空气清新的社区环境。

（二）方便老年人的日常出行

玉龙社区加强老年人住宅公共设施无障碍改造，重点对坡道、楼梯、电梯、扶手等进行改造，保障老年人出行安全；加强社区道路设施、休憩设施、信息化设施、服务设施等与老年人日常生活密切相关的设施和场所的无障碍建设。社区还提倡人车分流，加强步行系统安全设计和空间节点标志性设计。

（三）提升为老年人服务的质量

玉龙社区利用社区卫生服务中心、街办卫生院等定期为老年人提供生活方式和健康状况评估、体格检查、辅助检查和健康指导等健康管理服务，为患病老年人提供基本医疗、康复护理、长期照护、安宁疗护等服务；开展老年人群营养状况监测和评价，制定满足不同老年人群营养需求的改善措施。深入推进医养结合，支持社区卫生服务机构为老年人提供多种形式的健康养老服务；利用社区日间照料中心及社会化资源为老年人提供生活照料、助餐助浴助洁、紧急救援、康复辅具租赁、精神慰藉、康复指导等多样化养老服务。广泛开展以老年人识骗、防骗为主要内容的宣传教育活动；建立定期巡访独居、空巢、留守、失能（含失智）、重残、计划生育特殊家庭老年人的工作机制。

（四）扩大老年人的社会参与

玉龙社区引导和组织老年人参与社区建设和管理活动，参与社区公益慈善、教科文卫等事业，支持社区老年人广泛开展自助、互助和志愿活动，充分发挥老年人的积极作用；因地制宜改造或修建综合性活动场所，配建有利于各年龄群体共同活动的健身和文化设施，为老年人和老年社会组织参与社区活动提供必要的场地、设施和经费保障，满足老年人的社会参与需求。

（五）丰富老年人的精神文化生活

玉龙社区自设老年教育学习点，同时与老年大学、教育机构和社会组织等合作，在社区设立老年教育学习点，方便老年人就近学习。社区以居民喜爱的形式开展适应老年人需求的教育活动；丰富老年教育内容和手段，积极开展老年人思想道德、科学普及、休闲娱乐、健康知识、艺术审美、智能生活、法律法规、家庭理财、代际沟通、生命尊严等方面的教育；鼓励老年人自主学习，支持建立不同类型的学习团队；组织多种形式的社区敬老、爱老、助老主题教育活动，加大对"敬老文明号"和"敬老、爱老、助老模范人物"的宣传；开展有利于促进代际互动、邻里互助的社区活动，增强不同代际间的文化融合和社会认同。

（六）提高为老服务的科技化水平

为提高社区为老服务信息化水平，玉龙社区利用社区综合服务平台，有效对接服务供给与需求信息，依托智慧网络平台和相关智能设备，为老年人的居家照护、医疗诊断、健康管理等提供远程服务及辅助技术服务。为开展"智慧助老"行动，社区加大对老年人智能技术使用的宣教和培训，并在老年人高频活动场所保留必要的传统服务方式。

第二节　宜春市万载县康乐街道北门社区

一、社区基本情况

北门社区隶属于江西省万载县康乐街道，辖区面积 1.08 平方千米，设有 22 个网格，居民 5354 户 18127 人。根据社区 2020 年 11 月第七次人口普查统计，北门社区 60 岁以上老年人 1812 人，占总常住人口的 10%，其中 80 岁以上老年人 230 人，90 岁以上老年人 56 人，"三无"老年人 6 人。近年来，北门社区以提升老年人生活品质为出发点，以健全、完善社会保障制度为核心，全面提升老年服务工作整体水平，切实增强了辖区老年人的获得感、幸福感、安全感。

在上级党委和部门的指导下，北门社区先后获得了"全国计生协会工作先进单位""全省安全社区""最美志愿服务社区""先进基层党组织""最美文明社区""全市三八红旗集体"等国家和省市县多项荣誉，社区党委书记荣获 2020 年"江西省劳动模范"称号。

二、社区建设现状

（一）健全养老机制，完善基础设施

2017年12月，社区以"敬老、爱老、助老"为主题，以满足老年人日益增长的养老服务需求为目标，以服务特困、高龄病残、空巢孤寡老人为重点，成立了社区居家养老服务中心。服务中心成立了以社区党委书记为组长、社区干部为成员的居家养老服务工作领导小组，并建立了居家养老工作机制，规范了老年服务程序，确定了服务范围以及服务对象。领导小组下设居家养老办公室，设有1名老龄工作专干。服务中心有320平方米专属面积，设有活动室、棋牌室、阅览室、康复室、休息室、爱心洗衣房等。中心常态化为辖区老人提供日托照料、上门服务、代购物品、配餐送餐、家政保洁、医疗陪护、家电维修、应急救援、精神慰藉、法律援助、文化娱乐等服务。

（二）提升为老服务质量

社区党员学雷锋志愿服务队针对社区老年工作，专门分设了一支"居家养老"服务小分队。小分队与辖区内空巢老人、单亲老人开展结对帮扶服务，定期开展"老人集体生日会""上门代办""我陪老人说说话""爱心理发进家门"等关爱活动，贴心的关爱活动让辖区老人在社区内颐养天年、愉悦身心、陶冶情操，幸福感明显增强。社区联合康乐卫生院通过家庭医生签约服务，每年定期为老年人提供健康体检，组织老年人进行健康状况评估、体格检查、健康指导等健康管理服务工作并建立老年人健康档案。对辖区内居住分散的空巢老人，社区以网格为单位开展每日巡查、上户宣讲政策法规、上门健康体检等活动。

（三）改善社区环境

北门社区积极推进改善老年人居住环境、方便老年人日常出行的工作。电信、原种场等小区的老年人较多，结合老旧小区改造工作，社区将他们居住的小区划入第一批老旧小区改造的楼院。经过改造，小区的水、电、气、路面等设施焕然一新，加建了老年人出行的坡道、扶手等辅助设施，完善了消防设施，排除了安全隐患，方便了老年人日常生活出行，优化了老年人的居住环境。

（四）开展宣传教育活动

北门社区常态化开展老年人宣传教育活动，2020 年累计开展防诈骗宣传 12 次。在春风庭院等老年人居住较为集中的小区开展电信防诈骗宣传活动，包括防诈骗有奖问答、民警防诈骗宣讲、派发防诈骗宣传单、张贴宣传标语、表演《诈骗风波》小品等形式多样、老年人更易接受的宣传方式。社区共开展老年人学习讲座 4 次，包括书法学习、读书会、健康讲座、垃圾分类宣传讲座、学习《中华人民共和国老年人权益保障法》等内容；共开展老年人参与的文娱活动 4 次，包括老年人健身气功表演、广场舞蹈、书法表演等。

（五）营造孝老敬亲氛围

2021 年 1 月，北门社区组织开展"有爱不孤单"关爱空巢老人、留守儿童行动，由老年人志愿者、社区干部组成的北门手工编织队将 60 条手织围巾及慰问品送到了空巢老人、留守儿童的手中，收到贴心礼物的老人、儿童，心中暖意浓浓。该活动让老年人参与其中，服务更多有需要的老年人，扩大了老年人的社会参与面，调动了老年人奉献社会的积极性。

北门社区还大力营造孝亲敬老文化氛围，组织开展老年人交友交流会，举办"最美家庭""最美媳妇""最美志愿者"等身边模范人物评选活动，并开设了道德模范宣传专栏，发布了"好家风"模范宣传微信公众号。

第三节　宜春市宜阳新区官园街道宜兴社区

一、社区基本情况

宜兴社区成立于 2016 年 6 月，辖区总面积 3 平方千米，管辖 3 个小区和 99 个驻片单位，有居民 15070 人，其中 60 岁以上 1872 人，占社区总人口的 12.4%。社区成立了助老服务社，创建了合唱、舞蹈、模特、门球、太极拳、葫芦丝、心理咨询、助老服务 8 个服务中老年人的社团，在册志愿者达 2000 余人。社区已有大型商超、卫生服务站、丰城广场、人民公园、博物馆、图书馆、文化馆、如夏园居家养老社区、老年大学等生活配套设施，服务功能日趋完善。社区内环境整洁优美，文化氛围浓厚，风尚良好，社会秩序稳定。

二、社区建设现状

（一）改善老年人居住环境

宜兴社区依托智慧社区平台，实现辖区老年人口"一人一档"，通过智能门禁识别独居老人、长期未出入者，实现系统自启报警。社区联合辖区物业定期对特殊老年人家庭水、电、气设施进行入户排查，及时改造维修老化、破损设施，排除安全隐患；构筑防火和紧急救援网络，为老年人家庭安装独立式感烟火灾探测报警器，完善老年人住宅防火和紧急救援救助功能；加强生态环境建设，大力绿化、美化社区，及时清运垃圾、清除卫生死角，营造卫生清洁、空气清新的社区环境。

（二）方便老年人日常出行

宜兴社区优化步行道路设施，改造或增设社区及住宅公共场所无障碍设施，在老年人密集的小区楼栋增设无障碍电梯、坡道、休息椅、公厕等设备设施，并设紧急呼叫设备，满足老年人安全、无障碍出行需要；在社区道路和公共设施建筑物内外设置了清晰明确的标识系统；在社区道路和小区内推行人车分流，采用低噪路面，并设置限速行驶标识和减速设施，畅通消防通道。

（三）提升助老服务质量

宜兴社区联合春台卫生院、社区卫生服务站通过家庭医生签约服务，定期为老年人提供生活方式和健康状况检查、指导等健康管理服务，为高龄、失能、行动不便等居家老年人提供家庭病床、巡诊等上门医疗服务，增加康复、护理床位，开设安宁疗护病区。社区同时引入社会医疗资源，为失能老年人提供长期照护服务。通过健康宣传栏、健康讲座等多种形式，社区大力宣传老年健康、失能预防核心信息和阿尔茨海默病预防与干预核心信息等健康知识，普及健康老龄化理念和健康科学知识。依托助老服务社、心理健康服务协会等，宜兴社区为老年人提供生活照料、助餐助行、紧急救援、心理疏导、精神慰藉等服务，加强与引入社会化资源的合作，为社区老者提供助餐、助浴、助洁、代购、康复护理、紧急救援、康复辅具租赁等服务。社区已建成"智慧健康小屋"，配备包括骨密度测量仪、肺功能测试仪、十二导心电图机、心血管功能测试诊断仪、医用电子血压仪、血糖仪等8种专业医疗设备，向有需要的老年人提供健康服务。社区建立并完善社区居家探访制度，定期探访独居、空巢、失能（含失智）、重残、计划生育特殊家庭等特殊困难老年人。社区通过讲座、上户走访或网格群开展人身及财产安全知识讲座，提高老年人安全知识水平，鼓励老年人参与社区安全教育和管理，还设立了公共法律服务室，为老年人提供法律援助服务，帮助老年人解决涉法事务纠纷。

（四）扩大老年人社会参与

宜兴社区引导和组织老年人参与社区治理，通过老年诗书画社、劲松老年志愿服务队等群团组织，积极引导老年人参与自治共建，提升老年群体社区融合度。社区也积极开展了"银龄行动"，拓展老年人力资源开发，支持老年人广泛参与社区公益慈善、教科文卫等事业。社区依托居民文化服务中心（内设图书室、舞蹈房、书画室、棋牌室等），配备了适用全年龄段的健身和文化设施，满足老年人社会参与需求。社区还设立了公益性岗位，引入社会工作专业服务，引导和支持老年人广泛开展自助、互助和志愿活动。

（五）丰富老年人精神生活

宜兴社区自设老年教育学习点或与老年大学、教育机构等社会组织合作设立教学点，定期开设积极老龄观教育、老年人权益保障普法教育、智能化设备使用指导等课程。社区不断丰富"敬老、爱老、助老"主题宣传教育活动形式，加大对先进典型及模范人物的宣传报道，强化社会尊老、敬老意识，营造浓厚的老年友好型社区氛围。社区定期开展家庭养老照护培训及服务，提高老年人照护者的护理技能，履行好家庭照料职责。社区鼓励和引入社会力量为失能老年人家庭提供所需的支持性照护服务。社区还经常开展形式多样的社区活动，促进代际互动、邻里互助，增强文化融合和社会认同。

（六）推行"智能化"助老服务

宜兴社区依托"智慧社区管理"平台、便民通 APP 等为老年人建立信息档案，为老年人的居家照护、医疗诊断、健康管理等提供远程服务及辅助技术服务，有效对接老年人服务供给与需求信息，提高为老服务信息化水平。社区还开展"智慧助老"行动，在社区设立助老服务台，提供智能设备使用咨询及帮扶服务。

（七）管理保障到位有力

依托社区助老服务社，宜兴社区聘请第三方机构运营管理，配备专人对接工作，加强监督管理。社区安排专项资金扶持辖区为老服务设施的建设、运转，建立了老年友好型社区建设长效机制，统筹安排相关建设工作，保障老龄工作的有效开展。

第四节　宜春市袁州区珠泉街道一机社区

一、社区基本情况

一机社区位于宜春市环城南路原宜春第一机械厂家属区内。在市、区组织部和市、区宣传部以及珠泉街道办事处等部门的大力支持下，于2018年6月正式挂牌成立一机社区新时代文明实践站。社区党支部共有186名党员，下设4个党小组，12个居民小组。辖区面积0.5平方千米，886户2565人。一机社区60岁以上老年人560人，空巢老人23人。社区坚持以提高老年人生活品质为出发点，成立了社区健康养老服务站，一直坚持"以人为本、贴近老人生活、满足老人需求"的原则，整合社区各方面资源，通过上门服务、邻里互助、走访慰问等形式，全方位、多层次开展老年工作，初步形成以"老年服务站"为基础，以"爱心超市、博爱家园、爱心帮扶、博爱广场、社区卫生医疗服务中心、居家养老服务中心"为平台的社会参与、志愿者服务的老年工作特色。

二、社区建设现状

（一）健全老年服务工作体系

1. 建立老年基本情况信息网格化管理机制

一机社区网格员每季度逐一上门走访老年人家庭，利用综治"三网"平台针对不同情况进行分类登记录入，基本信息动态管理到位，并对70岁以上的高龄老人、特困老人、空巢老人、残疾重病老人等特殊人群做出标识，设为特别关注对象，每月上门走访。

2. 建立健全老年工作领导小组

一机社区成立了健康养老服务站工作领导小组，社区书记任组长，副书记任副组长，下设成员 6 人，还成立了居家养老服务中心工作小组，成员 10 余人。此外，社区还成立了以居委会为中心，集医疗、卫生、餐饮、超市、娱乐活动中心等于一体的居家养老服务网络，为老年人提供最方便、最快捷的生活服务。

3. 建立健全老年志愿服务队

一机社区成立了一批为老服务志愿服务队，致力于提升社区为老服务质量。一是成立了社区学雷锋志愿队伍，志愿者经常到被服务的老人家里，及时了解他们的需求，解决他们在生活、就医、心理等方面的问题，为他们提供力所能及的帮助。二是成立老年人健身文娱活动服务队，为丰富老年人的文化生活，社区还开设了图书室和老年活动中心，为老年人免费提供棋牌、娱乐、看书看报等活动场地。社区组建了一支老年人文艺歌舞队，完全由老年人自我组织、自我管理，排练歌曲、弹琴、吹奏乐器。老年服务队也经常活跃在社区，奉献社会，每天都有一支戴着红袖章的老人队伍在辖区内巡逻，为社区的综治安全、卫生奉献力量。三是成立了红十字医疗保健志愿服务队。社区以健康养老服务站为依托，开展健康体检服务，建立社区老人健康档案，定期为老人开展健康体检、家庭护理等健康服务。

（二）发挥"四个作用"，完善老年服务内容

1. 发挥保障社区安全的作用

一机社区属于无物业社区，在市、区政法委的帮助下，于 2019 年 6 月接入智慧小区试点工程，有 60 个安全摄像头覆盖全小区，为居民安全生活提供保障。为进一步提升社区服务能力和水平，一机社区已经动工开始基础设施改善，将更好地满足老年人在居住环境、日常出行、健康服务、养老服务、社会参与、精神文化生活等方面的需要，不断增强老年人的获得感、幸福感和安全感。

2. 发挥宣传导向作用

一机社区根据所在辖区内居民绝大多数为企业改制职工，且老年人和留守儿童较多的实际情况，创建了爱心超市，设立了"四点半"课堂，与共建单位共同开展庆中秋、70 周年国庆、重阳节敬老爱老等各种文艺汇演活动。

例如，在"寻年味、品书香"迎春系列主题活动中，邀请社区居民猜灯谜、包饺子，大家一起过小年、暖人心；在"端午送粽子"主题活动中，社区干部专门包粽子送给辖区孤寡老人，温暖老人们的心灵；在重阳节"送长寿面"主题活动中，共发放长寿面900余包；在"传承好家风让爱满袁州"新时代文明实践·孝老爱亲主题现场活动中，通过歌曲演唱、诵读经典家训、讲故事、好婆媳互夸、为老人送生日祝福等环节来弘扬孝老爱亲这一中华传统美德。

3. 发挥为老服务队伍的作用

一机社区成立了以下岗失业人员和低保贫困老人为主的为老服务工作团队，不断提高为老服务水平。

4. 发挥为老基础设施的平台作用

2019年2月，在市、区宣传部的帮助下，一机社区把原招待所打造成文明实践站。站内设有百姓大舞台、娱乐运动场地、便民服务中心、综合文化活动中心、未成年人活动中心、棋牌室等功能室，可以为辖区老人提供服务场地。2021年2月，一机社区通过开展社区健康促进项目，建立起为社区老人提供娱乐休闲、保健和心理咨询的场所，极大地提高了老年人的生活品质。社区健康养老服务站内设体检设备、康复训练设备、心理咨询设备等，解决了社区老人健康体检、文化娱乐、康复咨询、普及红十字知识等的场地问题。

（三）突出"四个平台"特色，提升老年服务水平

1. 建好居家养老服务平台，让老年群体老有所乐

2015年6月，一机社区争取市、区两级有关部门的支持，投资60万元将托残养老服务中心改造成社区居家养老服务中心。现社区居家养老服务中心拥有多功能活动室、厨房、餐厅、客房、室外健身场等，并引进专业服务机构经营管理，为社区及周边老年人提供日常照顾、休闲娱乐、康复理疗、医疗保健、家政服务、精神慰藉等项目的综合性养老、敬老、爱老服务。

社区安排专人每天巡查居家养老服务中心的安全卫生、设施维护、管理秩序等，倾听建议，了解需求，尽心倾力打造一个老年人乐园。空巢老人黄某某激动地说："我每天都来这里进行身体按摩，与老人们拉家常，感到自己不仅身体更好了，孤独感也没有了！"

2. 建好社区便民服务平台，让广大居民、老职工办事更加便利

一机社区有返回原籍上海、浙江、福建一带居住的老职工800多人，他

们的社保、医保关系还在宜春，报销医药费非常不便。从 2011 年起，社区主动承担起这一量大而烦琐的工作，让异地居住的居民将医药费账单邮寄到社区，社区收集、整理、计算后每月到医保局报销，再把款项分别汇给在外居民。仅 2015 年就为异地居住居民代办医药费报销和发放抚恤金、人员津贴等共计 4635 次，金额达到 266.9 万元。同时，设立社区 QQ 群和微信群，让千里之外的居民沟通方便，无距离感。社区着力创建和打造一个困难有人帮、生病有人管、老幼有人养、就业有人帮的爱心社区。

3. 建好"爱心超市"扶老平台，让老年群体老有所扶

一机社区建立"爱心超市"服务平台，对患病、空巢、孤儿、残疾、下岗等特殊人群定期捐助款物、米油及生活日用品。社区"爱心超市"共收到捐赠资金 25860 元，帮扶贫困老人、困难户共计 230 多次，如老职工高某某的儿子因病成为植物人，社区时常送去生活物资和慰问金。

2016 年 6 月的一天，有居民反映：6 栋孤寡老人谢某某在上楼梯时不慎摔倒，导致右脚踝骨折。一机社区干部得知情况后，社区党支部书记潘某某立即带领干部去老人家询问情况，将老人背下楼，送到宜春骨伤医院治疗。医生为老人打好石膏，并建议她卧床休息，可老人家里就祖孙俩，无依无靠，她们的生活怎么办？于是，社区干部将菜、拐杖送到老人家中，并帮她打扫家里卫生，同时联系辖区居家养老服务中心开展服务，发动党员志愿者义务帮老人轮流做饭，照顾老人生活起居，帮助老人渡过难关。居民们对社区的爱心行动纷纷点赞。另外，当 2 栋 5 楼的一位老人家中煤气罐突然着火、情况万分危急时，居民丁某某不顾个人安危，奔向老人家中紧急排险，避免了一场重大事故的发生。

4. 建好"小芳警务室"品牌特色平台，做老人们的贴心小棉袄

结合一机社区现有资源优势，发挥公安服务职能特征，建立"小芳警务室"，重点打造亲民品牌，由珠泉派出所女民警罗某某负责警务室工作。"小芳警务室"成立后，罗某某走遍了小区 26 栋楼，走访了 522 户居民，尤其是力所能及地帮助小区孤寡老人解决实际困难，不定期上门和老人聊天谈心，成了小区孤寡老人共同的"贴心小棉袄"。"小芳警务室"也成了 2020 年分局最具特色的亮点工作之一，为此，《人民公安报》还专门对"小芳警务室"进行了宣传报道。

第五节　宜春市樟树市福城街道埧下亭社区

一、社区基本情况

　　樟树市福城街道埧下亭社区位于樟树市南郊（福城街道办事处东南地段），东至晏梁村委、杨家村，西至 105 国道，南至晏公堤和东西村，北至五洲药业，是由江盐小区一、二、三生活区、赣中地质大队生活区、聚仁首府 3 个居民小区，江西赣中地质大队、江西富达盐化有限公司、樟树市第六小学、福城街道卫生服务中心 4 个单位，红星美凯龙和国际家居建材城 1 个商圈组成的综合性服务社区。辖区面积 0.8 平方千米，社区建设面积 249 平方米，下设 4 个网格小组，现有社区干部 8 名，辖区现有 60 岁以上老年人 1082 人，占总人口的 32.6%，其中 60~79 岁老年人 997 人，80~89 岁老年人 81 人，90 岁及以上老年人 4 人。社区以满足老年人生活照料需求、保障特困高龄老人基本日常生活为目标，社区党总支下设 3 个支部，党员 225 名。

　　2009~2020 年埧下亭社区获得"全国和谐社区建设示范社区""全国综合减灾示范社区""'十一五'江西省老年体育工作先进单位""江西省（2014 年）全民健身示范站点""江西省省级民主法治示范社区""'十二五'期间江西省老年人体育工作先进单位""宜春市城市社区党风廉政建设示范点""宜春敬老文明号""市先进基层党组织""市先进党支部"以及"樟树市创基层'五好'关工委示范点"、宜春地区"最美退役军人服务站"、江西省"绿色社区，美丽家园"示范社区等荣誉。为大力推进社区建设，推动基层社会治理体系和治理能力现代化，樟树市福城街道埧下亭社区开展丰富多彩、形式多样的文体活动，得到了辖区居民的积极响应和参与。

二、社区建设现状

（一）发挥党组织核心作用，完善社区组织体系

　　埧下亭社区制定党组织、社区居民委员会工作职责，健全基层群众自治

组织机构，以居民小组、网格化管理为载体，开启"人在网格走、事在网格办"的管理模式，实现服务管理全覆盖，并建立健全组织机构各项制度，构建多方参与的组织架构形式。2018年7月垱下亭社区成立社区党委，通过民主换届选举，选优配强"两委"班子成员，由企业退休老党员担任支部书记，由党员和退役军人担任党小组组长，形成了群众自治、多方参与的强大组织合力。

（二）建立多功能专题服务区，规范社区平台建设

垱下亭社区着力推进社区综合平台"1234＋X"标准化建设，规范社区基本章程制度；依托社区便民服务站，开设妇女儿童之家、老年大学等专题功能室，拓宽便民服务受益人群。社区设有室内室外多个公开栏，每季度及时公布社区各方面情况并实时更新消防、禁毒、健康教育等宣传内容，真正做到民主监督、服务群众。

（三）加强信息电子台账建设，提升社区服务水平

垱下亭社区建立高龄津贴、低保户、留守儿童等社区各类群体信息电子台账；利用微信群、公众号等新媒体即时发布便民服务信息，实现在线互动、交流；设立综合服务岗，更新意见反馈、公章登记、来访来电记录等，掌握居民服务需求。

（四）转变社区工作理念方式，健全民主协商议事制度

垱下亭社区成立居民理事会、协商议事会、民情理事会等社区协商机构，倡导协商精神，明确协商议事制度、原则、内容和流程，引导居民群众依法表达意见和诉求，使协商成为化解矛盾纠纷、维护社区和谐的有效途径。社区还建立了协商案例台账，有效公开协商议题、时间、事项、成果等。

（五）依托传统佳节，开展群体性文体活动

垱下亭社区充分发挥资源优势，组建了多支文体运动队，在节假日开展趣味运动会等丰富多彩的文体活动，活跃了广大老年群体的业余文化生活，增强了社区凝聚力。例如，组建了老年人广场舞队2支、柔力球队2支、门球队1支、太极拳队1支、军鼓队1支、健身球队2支，并在全市开展的广场舞比赛、老年人运动会上取得好成绩，其中富达柔力球队在宜春运动会上喜获第一名。

（六）提升为老服务质量，加强老人宣传教育

坦下亭社区利用社区卫生服务中心、乡镇卫生院等定期为老年人提供生活方式和健康状况评估、体格检查、辅助检查和健康指导等健康管理服务，利用社区日间照料中心及社会化资源为老年人提供生活照料、助餐助浴助洁、紧急救援、康复辅具租赁、精神慰藉、康复指导等多样化养老服务，并广泛开展以老年人识骗、防骗为主要内容的宣传教育活动。社区建立了定期巡访独居、空巢、留守、失能（含失智）、重残、计划生育特殊家庭老年人等的工作机制。社区也经常邀请社区法律顾问、退役军人、老战士、太极拳爱好者、书法家、剪纸专家、大学生等社区志愿者开设法律讲堂、书法、绘画、英语、剪纸、音乐、舞蹈、防溺水安全讲座、太极拳、爱国主义教育等课程，为社区老年人的身心健康保驾护航。

第八章
新余市城乡老年友好型社区建设现状

第一节　新余市渝水区城北街道新苑社区

一、社区基本情况

新苑社区成立于 2013 年 7 月，总面积 0.98 平方千米，管辖紫金城、电厂生活区、温馨家园等 17 个居民小区，共 3843 户 14955 人，其中包括 160 名中共党员、10 名社区"两委"干部。辖区内现有 1 所学校、2 所幼儿园、15 个行政事业单位。社区周边商业繁荣，交通便利，休闲、健身、餐饮娱乐生活设施俱全。经过几次提升改造，社区环境清幽，基础设施功能完善，建有新时代文明实践广场、幸福书屋、门球场、气排球场、羽毛球馆、乒乓球室、阅览室等活动场所，极大地满足了老年人的文化娱乐需求。

自成立以来，社区以"和美新苑"为目标，打造"党群服务＋文明实践＋居家养老"综合体，引导居民自治，落实党的各项惠民政策。社区全面建设水平不断提升，先后获得了省、市、区 50 多项荣誉，其中包括"江西省安全社区""江西省绿色社区""全市共产党员示范社区""新余市文明社区""全区共产党员示范社区"等荣誉称号。

二、社区建设现状

（一）完善基础设施

创造良好的人居环境是社区"以人为本"宗旨的具体体现，是构建和谐社会的需要，是服务老年社区生活的生动实践。新苑社区专门成立了由社区党总支书记为组长的老年友好型社区创建领导小组，制订工作计划，结合老旧小区改造之际，大力提升小区整体环境建设，改造老人居住房屋，建设并完善了休闲公园和运动步道及休息空间等基础设施。社区还组建一支老年协会队伍，利用现有配套设施，定期组织开展活动，形成了"每天有健身锻炼，每月有活动主题，每季有文艺活动"的社区老年活动特色。社区共有20支共计560余人的老年健身活动队伍，为老年友好型社区的创建提供了有力的组织保障和人力保障。

（二）开展宣传教育

新苑社区依托新时代文明实践站，整合幸福书屋，建立教育、学习、培训为一体的社区学校，方便老年人就近学习。社区积极开展适应老年人需求的思想道德、科学普及、健康知识、反诈骗等方面的学习教育活动，丰富老年教育内容。社区还结合"学习强国"平台，指定专人负责把"学习强国"中一些事关国计民生、党的政策和感兴趣的相关知识进行剪辑，常态化开展学习政策理论、观看红色电影等学习教育活动，深受老年人欢迎。

（三）抓好骨干培训

丰富老年人精神文化生活，抓好活动骨干至关重要，新苑社区为此建立了一支组织能力强、带头作用大、活动热情高的骨干队伍。为发挥活动骨干的作用，新苑社区采取了"内推外引"的工作方法。"内推"就是就地取材，充分发挥本社区人才的特长；"外引"就是"请进来"，在上级部门的指导下，组建了各种活动队伍。社区同时开展了各类活动骨干培训班，在活动骨干的促动下，社区老年活动队伍快速发展，收效良好。

（四）创新活动机制

开展丰富多彩的文体活动，不仅可以活跃社区老年居民文化生活，而且是精神文明建设的组成部分。为此，新苑社区始终把开展文体活动作为一项推动创建老年友好型社区的有效手段来抓。社区在不断加强发挥原有活动场所的作用外，更是与科普宣教结合起来，组织腰鼓队上街道进小区开展寓教于乐的宣传活动。一是与上级部门一起联合举办老年体育科普宣传讲座，通过讲座让老年人进一步参与社区开展的文体活动；二是社区干部和老年协会成员带头参加老年文体活动，做出表率；三是开展"我们的节日""文明有你、新余更美"等文艺演出，带动身边人参加活动，使社区老年文明实践活动开展得有声有色、红红火火。

（五）扩大老年参与

新苑社区邀请老年人共同参与社区各项建设，扩大老年人的社会参与面。如组织老年志愿者参与义务治安巡逻；开展"五防"活动；请"五老"开展爱党、爱国、革命传统及法制教育；促进未成年人思想道德建设；协助社区开展好各项活动，为社区建设出谋划策；等等。

（六）营造尊老敬老社区氛围

围绕老年友好型社区创建工作目标，新苑社区在利用网络、微信公众号等自身宣传工具的同时，借助电台、报纸等新闻媒体进行形式多样、丰富多彩的广泛宣传，大力倡导"积极老龄观、健康老龄化、幸福老年人"的理念，设置宣传栏，大力宣传老年健康等健康知识，普及健康老龄化理念和健康科学知识。社区还专门成立"敲门嫂"志愿服务队，每周上门对独居、空巢、病重老人进行关爱，开展"爱从'头'开始"活动，为老年人提供免费理发、"唠嗑"、情绪疏导、代购、打扫卫生等服务。社区为80岁以上老年人送生日蛋糕，在老人家中安装烟雾报警器连接社区，保证其人身安全。除此之外，社区还联合医院、卫生所定期开展健康义诊等服务，建设社区"颐养之家"，解决老年人用餐问题。老年人的生活水平不断提高，老年人的精神生活不断丰富，营造出全社会关爱老人的氛围。

第二节　新余市渝水区城南街道西街社区

一、社区基本情况

新余市渝水区城南街道西街社区位于美丽的新余袁水河畔，南起袁河，北至团结西路，东至胜利南路，西临新钢，辖区面积约 0.8 平方千米，属老城区。社区管辖 20 个居民小组，215 栋居民住宅楼，3451 户 9452 人，其中 60 岁以上老年人 1235 人。驻区单位 2 个，分别为渝水一小和胜利南路医疗卫生服务站。社区居委会工作人员 5 人，设党总支 1 个，下设党支部 4 个，居民党员 187 人，在职党员 91 人。辖区内有幼儿园、颐养之家、温馨家园、商店、银行、社区医疗网点等配套设施，设有全民健身站点 4 个：三叠园辅导站、西街红歌队、乐之音演艺团、海兰太极拳，为居民的文化娱乐、衣食住行等提供了方便快捷的服务。

二、社区建设现状

为更好地满足社区老年人在居住环境、日常出行、健康服务、养老服务、社会参与、精神文化生活等方面的需要，西街社区紧紧围绕创建老年友好型社区的目标，着力提升社区服务能力和水平，切实增强老年人的获得感、幸福感和安全感。结合社区实际，从以下三个方面开展工作。

（一）深入挖掘社区骨干人才，按网格摸清老年人需求

社区按 11 个居民小区划分为 5 个一类网格、30 个二类网格，以党组织为核心点，以"网格指导员→网格长→网格员→网格辅助员→楼栋单元长"为线条，以社区居民小区为工作面，形成点、线、面相结合的社区网格化服务管理模式。一类网格员由社区 5 名干部担任，深入挖掘社区骨干，由治安信息员、卫生协管员、文体宣传员、志愿服务员组成 30 名网格辅助员，按照"网中有格，格中有人，人在格上，事在格中"选优配强网格化管理队伍，由网格员带领分网格分小区摸清辖区老年人情况及需求。

（二）立足于"老人需求"，增强社区服务功能

1. 改善老年人居住环境

辖区内 41 户独居、空巢、留守、失能（含失智）、重残、失独家庭等重点老年人由社区 40 名"敲门嫂"一对一进行服务。社区定期对老年人用水、用电和用气等设施进行安全检查，及时改造、维修老化或损坏的设施，排除安全隐患；通过市场化运作，对扶手及地面进行适老化改造，配备紧急呼叫设备，降低老年人生活风险；利用社区微型消防站及社区安防监控视频形成应急工作网络；结合创建文明城市工作，按 5 个网格 5 名工作人员的标准对接社区环境整治及生活垃圾日产日清等环境卫生问题并进行及时处置，着力改善老年人的居住环境。

2. 方便老年人的日常出行

西街社区对西苑小区、金三角小区公共部分的坡道、楼梯、扶手等进行了无障碍改造，在老年人主要活动的三叠园及胜利南路人行道设置休息座椅，方便老年人出行。社区主要通道胜利南路及团结西路有单独的车行道和步行道，实现了人车分流。卢家巷、北街、伍家小区路面已完成平整改造，老年人通行顺畅、无障碍。三叠园及渝水一小旁公厕内增设了老年人专门使用的厕所。

3. 社区服务便利可及

城南卫生服务中心定期为老年人提供生活方式和健康状况评估、体格检查、辅助检查和健康指导等健康管理服务，为患病老年人提供基本医疗、康复护理、长期照护、安宁疗护等服务；开展老年人群营养状况监测和评价，制定满足不同老年人群营养需求的改善措施；利用安康通居家养老服务中心及颐养之家为老年人提供生活照料、助餐助浴助洁、紧急救援、康复辅具租赁、精神慰藉、康复指导等多样化养老服务；利用新时代文明实践站定期开展以老年人识骗、防骗为主要内容的宣传教育活动。社区"敲门嫂"志愿服务队分网格定期服务独居、空巢、留守、失能、失智、重残、失独家庭老年人。

4. 扩大老年人的社会参与

社区在一楼开设了棋牌室、幸福书屋，为老年人和老年社会组织开展活动提供了便利条件；成立了三叠园广场舞队和海兰太极拳队及乐之音演艺团等老年社会组织，丰富了老年人精神文化生活。社区还积极听取老年人的意

见和建议，邀请 60 岁以上老年人加入社区关心下一代工作委员会（简称关工委）、社区监督委员会及担任网格辅助员，组织老年人参与社区治安义务巡逻、生态环保巡查等力所能及的公益活动。

5. 营造敬老孝亲浓厚氛围

西街社区每季度积极发掘并向上级推送"最美家庭""身边好人"，并通过开展"身边人说身边事"活动营造敬老孝亲浓厚氛围。区红十字会对社区"敲门嫂"及失能老年人家庭成员进行照护培训。社区还开展了九九重阳节敬老、爱老活动，关工委"小手拉大手"亲子活动，邻里守望系列文明实践活动，在社区营造敬老孝亲浓厚氛围。

6. 提高为老服务的科技化水平

西街社区结合安康通服务平台，对接老年人服务供给与需求信息，为老年人提供智慧健康养老服务。社区在物业、城南卫生服务中心等老年人高频活动场所保留人工服务和现金收费，还专门在新时代文明实践站对老年人使用智能手机进行简单培训，并手把手教老年人使用学习强国 APP。

（三）问需于民，打造特色老年人品牌功能服务

西街社区以红十字会志愿服务为主的博爱家园项目，为社区的老人提供紧急救援、扶贫帮困等各项志愿服务。渝水区温馨互助家园项目为全区计生特殊家庭提供了一个心灵驿站，他们在这里享受心灵的慰藉、助人自助的快乐。颐养之家、幸福书屋、四点半学校、安康通居家养老服务、"社区、社会组织、社工"三社联动等服务，满足了不同层次居民，特别是老年人的需求，极大地增强了社区老年居民的获得感、幸福感和安全感。

第三节　新余市分宜县钤东街道松湖社区

一、社区基本情况

松湖社区于 2010 年 6 月成立，管辖范围东至天工北大道，南至钤山东路，西至昌山北路，北至北环路，辖区面积 2.1 平方千米。社区总人口 24647

人，工作人员 8 名，下设 35 个居民小组，47 名正式党员。60 岁以上老人1836 人，70 岁以上老人 319 人，80 岁以上老人 82 人，90 以上老人 16 人。随着人口老龄化急剧加快，老年人的养老与社区的发展密不可分。松湖社区建设以老年人为本，社区内基础设施完善，环境优雅，符合老年人的生活需求和活动习惯，老年人可以充分参与社会活动，实现老年人在社区积极养老。

二、社区建设现状

（一）配备养老机构并健全机制，实现"家门口的养老"

在铃东街道的正确领导及有关部门的倾力支持下，松湖社区为解决城市老人特别是空巢、留守老人的居家养老需求，实现标准化、规范化、可持续居家养老，松湖社区党总支严格按照"六个一"的场所指导标准，升级改造了颐养之家，于 2020 年 8 月 18 日上午 9 点，迎来 18 位"入家"老人，实现了开伙。松湖社区颐养之家设立在泗水北路，交通便利、环境优美，配有健身小广场，便于老人们交流与锻炼，平日里他们在颐养之家吃饭、看电视、下象棋、休闲和健身。社区坚持高质量管理，让"家"更持久，建立健全风险防范机制，强化颐养之家管理人员用电、用水、用气安全教育，制定突发事件处理应急预案，为"入家"老人办理意外伤害保险，与社区医院合作，定期为老人进行健康体检。社区还建立了"入家"老人民主监督制度，实时监督财务运行，规范财务管理，做到公开透明，拓宽经费来源渠道，争取社会各界力量广泛支持。社区深化互助管理模式，组织"入家"老人中低龄、健康老人与高龄失能老人结成对子，相互之间提供力所能及的日常帮助。

松湖社区开展温馨家庭活动，社区党总支组织党员干部为颐养之家的老人们过集体生日。依托新时代文明实践站与社区颐养之家，社区积极开展活动，让空巢、留守老人再次感受到了"家"的温度。社区用爱经营颐养之家，让"家"离"入家"老人们更近。因为疫情，社区工作人员对颐养之家全面清扫消毒，备齐防疫物资，做好应急预案，提前准备了专用防疫箱，放置一次性口罩、消毒液、体温计和洗手液，并安排志愿者一早一晚对老人进行体温测量并仔细进行登记备案，使老人保持一定用餐距离用公筷、公碗、公勺，给每位老人讲解防疫情宣传知识。老人们理解了，工作人员也安心踏实了。

为满足多样化养老服务需求，社区党员潘某某带头参与养老服务，率先在辖区内创办了"开心养老院"，内设床位 80 张，配备工作人员 15 名，现已全部住满，并对失能半失能、低保低收入、"三无"人员、空巢老人进行分类登记，便于开展针对性服务。宽敞明亮的房间，配套齐全的适老化设施，温馨舒适的居住环境，社区集医养结合、老年生活服务、养老便民等功能于一体，服务周到实惠，养老变得有滋有味。社区经常组织志愿者及党员同志去养老院为老人们送去慰问祝福，并举办九九重阳节活动等系列文化慰问活动，关爱老人，充实老人们的精神文化生活。

（二）狠抓社区环境整治，着力打造优美人居环境

为改善老年人的居住环境，松湖社区积极为小区争资争策，投入 1000 余万元，对泗水北路小区、万年北路、三小小区等 5 个老旧小区进行彻底改造。该项目于 2020 年 4 月正式动工，改造面积 1 万多平方米，160 户居民受益。通过 6 个多月的改造，原本老旧小区存在的安全隐患全数拆除，不仅面貌改变了，小区内老年人的活动场所也有了，灯光照明符合老年人的需求，大大提升了居住安全指数与幸福指数。

松湖社区在铃东街道相关领导的带领下，充分发挥党员的先锋模范作用，在各小区进行环境整治，清理垃圾死角，清除牛皮癣，进行菜地革命，先后清除菜地 30 余亩，使小区环境焕然一新。截至 2020 年 5 月，将辖区内所有小区牛皮癣刷除完毕，并在所有小区设置便民服务信息栏共计 100 余处，达到了将牛皮癣标本兼治的目的，防止牛皮癣复发。此外，社区每周定期不定点地在各物业小区进行环境卫生大扫除。同时社区还帮助老年人学习垃圾分类知识，采取积分奖励制度，鼓励和协助老年人进行垃圾分类。通过开展上述活动，居民们对社区的环境状况满意率达到了 92%。

为营造邻里友好的社区环境，松湖社区把维稳工作放到高于一切的位置，开展综合治理工作。2020 年全年调解矛盾纠纷 38 起，其中邻里纠纷 16 起，物业矛盾纠纷 10 起，其他纠纷 10 起，接待群众来访 112 件。此外，松湖社区还依托社区教育学校定期开展老年人安全知识讲座，2020 年全年开展安全知识讲座 20 余场，其中包括法律法规、电信诈骗及安全用火用电等，提高老年人安全知识水平，鼓励老年人参与社区安全教育和安全管理。

（三）繁荣社区文化，丰富老年人精神文化生活

为促进社区文化活动蓬勃发展，松湖社区坚持开展"我们的节日"。为弘扬中华特色传统文化，提高社区居民的文化素养，丰富老年人精神文明生活，松湖社区坚持各类文化活动特色化开展。2020年开展老年文化活动70余次，如清明文明祭祀树新风、重阳尊老敬老扬正气、"新春祝福进社区"、家风家训故事征集、"把爱带回家"等。社区孝老敬亲氛围浓厚，每年按期评定宣传"最美家庭""五好家庭"等，强化子女的尊老、敬老意识。社区还组建了社区老年舞蹈队、洋鼓队等群众文艺队伍，并组织开展了"夕阳健身广场舞大赛"。通过开展这些活动，社区吸引并培养了一批文艺骨干队伍，在文艺骨干们的带动下，社区的文化活动更加有声有色。

（四）极力抓好社区民生工作，提供优质高效服务

为了更好实现"家门口的养老"，让老年人老有所养、老有所依、老有所乐，松湖社区与天工路社区医院一同在小区内开展家庭医生免费签约服务，为签约家庭提供免费体检，为老年人提供健康生活方式指导并进行健康状况评估，还定期上户对独居、空巢等特殊老年人家庭设施进行安全检查；通过民政部门为辖区内年满80岁的老人办理高龄补贴，为年满73岁以上的半失能、失能老人办理居家养老服务。此外，社区及时改造、维修老化或损坏的设施，排除安全隐患，并为老年人提供日间照料、生活护理、家政服务和精神慰藉等上门服务，让老年人住在自己家里就可以享受一站式服务。

松湖社区为老年人的生存与发展提供良好的物质条件和社会人文环境，既能满足老年人的生活物质需求，又能满足老年人的精神需求。老年人不仅是被照顾的对象，也是社区发展建设的主要力量。社区始终坚持"以人为本、服务居民"的工作宗旨，紧紧围绕"深化社区服务，打造宜居小区，建设和谐家园"这一主线，以创建"老年友好型社区"为目标，着力打造优美宜居环境，实现"家门口的养老"，繁荣社区文化，提供优质高效服务，提升老年人的生命质量，提高其社会参与度，促进其积极养老，使社区变成一个文明祥和、健康向上的大家园。

第九章
萍乡市城乡老年友好型社区建设现状

第一节　萍乡市安源区后埠街金典社区

一、社区基本情况

江西省萍乡市安源区后埠街金典社区成立于 2006 年，地处萍乡中心地带，北临秋收起义广场，南临虎形公园，西靠萍乡市老年大学，东临萍乡市博物馆，辖区环境优美，绿化覆盖率高，居住环境安全整洁，出行设施完善便捷。金典社区辖区面积 45 万平方米，1580 户 5138 人，社区现有 60 岁以上老人 978 人，其中 80 岁以上老人 122 人。

金典社区在省、市、区、街道各级组织的正确领导和大力支持下，先后获得了"全国文明社区""'四个 100'先进典型最美志愿服务社区""全国综合减灾示范社区""全国社区学雷锋志愿服务联络工作示范站""全国无邪教示范社区""江西省十大和谐社区""江西省'绿色社区，美丽家园'示范社区""江西省低碳社区示范点"等 30 多项国家、省、市级荣誉称号。近年来，金典社区统筹整合社会多方人、财、物资源，让居民在步行 15 分钟内，可到达餐饮店、菜市场、大型商超、医院等场所，全方位享受便捷服务。

二、社区建设现状

（一）成立组织机构，完善机构设施建设

一是配备专人负责老龄工作。金典社区建立了社区养老服务机构，为老人提供生活照料、精神慰藉、康复指导等多样化养老服务。二是完善制度建设。金典社区建立可操作的相关工作管理制度，并且与驻社区医院及附近饮食、家政、娱乐等服务机构签订了微利服务协约，使社区有服务需求的老人均能在不出辖区的前提下便利地享受到医疗、饮食、家政、娱乐等微利有偿服务。

（二）完善环境设施，提升服务水平

一是建设海绵小区。2017 年金典社区借海绵城市建设之机，通过政府出资，在金典城小区内进行了海绵技术改造工程，并在此基础上完善了道路设施、休憩设施、社区服务设施等与老年人日常生活密切相关的场所，基本满足老年人的安全通行要求。二是丰富老人们的文体生活。社区通过申报 30 万全国体育雪碳项目建设，将室外 800 多平方米的老旧篮球场改造成集篮球、足球、羽毛球为一体的兼有灯光、栏网、悬浮地板的多功能运动场，并与业主委员会资源共享，将社区会所近 500 平方米的场地作为居家养老服务中心的活动场所，配备了就餐室、配餐室、健身娱乐多功能活动室等。三是进一步做好老旧小区既有住宅的加装电梯工作。辖区 60 岁以上的老年人占近 1/5，住在高层的老年人对电梯的期望尤其迫切。社区在优化为老设施的同时，积极推进电梯加装工作。目前，社区已完成 5 部电梯交付使用，3 部电梯正在安装中，还有部分楼栋在加紧实地勘察设计。四是为辖区所有老人建立个人档案。为了充分掌握社区老年人的基本情况，通过上门入户调查摸底，并联合安源区社区医院开展家庭医生签约服务，定期为老年人提供生活方式和健康状况评估、体格检查、辅助检查。

（三）成立志愿队伍，鼓励全员参与

一是成立社区"五色花"志愿队伍。为增强老年人的身心健康，提升生活品质，金典社区围绕"让居民受益，让群众满意"服务宗旨，探索开展新的养老模式，创新推出居民自治"五色花"志愿服务队，让老年人在丰富多彩的文化活动中各取所需，实现"老有所乐"。该模式实施以来，不仅发扬了

睦邻友好精神，带动了社区低龄老人服务高龄老人，还以居民自治的方式营造文化养老、健康养老的老年友好型社区环境。二是丰富活动内容，鼓励全员参与。金典社区不断丰富老年人文体活动内容，不定期邀请专家、学者为老年人开展科普、养老知识讲座，举办各种棋牌比赛、才艺展示等活动。老年文艺爱好者李某某成立了夕阳红艺术团，每天在日照中心歌舞大厅载歌载舞，老人们以这样一种独特的方式积极参与社区建设，成为社区文明创建、和谐建设不可缺的一股有生力量。

（四）树立榜样作用，孝亲敬老氛围浓厚

一是评选最美金典人。金典社区每年开展九类最美金典人的评选，将身边的好人好事、典型人物，通过居民大会评选出来，用典型教育引导好身边的人，管理好身边事。二是营造浓厚的孝亲敬老氛围。金典社区组织多种形式的社区"敬老、爱老、助老"主题教育活动，积极引导老年人树立终身发展理念，增强老年人的自尊、自强、自爱意识。

第二节　萍乡市湘东区峡山口街滨河社区

一、社区基本情况

江西省萍乡市湘东区峡山口街滨河社区成立于 2009 年，位于湘东区滨河南路，处于城区中心，环境优美，沿河两岸约 1500 米半径范围内分布着湘东区人民政府、湘东中学、云程实验学校、区医院、区中医院、区文化中心、体育中心、图书馆、云程公园、龙舟公园、月亮广场等诸多机构和设施。滨河社区由滨河花园 A 区、滨河花园 B 区、滨江国际、经济适用房 4 个住宅小区组成，共 1622 余户 6000 余人，常住人口中，以各级政府机关、企事业单位人员及其家属为主，其中 60 岁以上老年居民 800 余人。

滨河社区先后获得多项荣誉。2017 年 12 月，江西省民政厅授予滨河社区全省"绿色社区美丽家园"创建活动示范社区；2019 年 1 月，中共峡山口街党工委办事处授予滨河社区"2018 年城乡环境工作一等奖"；2020 年 1 月，中共湘东区委、区政府授予滨河社区"2019年全区村（社区）绩效考评优秀单位"；2020年12月中共萍乡市委、市政府授予滨河社区"创建全国文明城市集体嘉奖"；2021年2月，峡山口街党工委办事处授予滨河社区"2020年度社区综合考评一等奖"；等等。

二、社区建设现状

自滨河社区成立以来，得到各级政府领导的大力关怀、支持和帮助，尤其是在萍乡市创建第六届全国文明城市期间，小区环境及各项基础设施有了很大的改善和提升，为下一步创建"全国示范性老年友好型社区"打下了良好的基础。

（一）完善基础设施

为了改善老年人的居住条件，滨河社区普及社区公共基础设施无障碍建设，重点改造社区道路设施、休憩设施、信息化设施、社区服务设施等与老年人日常生活密切相关的场所。小区居住环境优美，有多处老年人纳凉休憩的凉亭，让老年人在户外能够聚在一起交流沟通，道路全部是沥青路面，干净整洁，绿化率达到60%以上。社区实施"两定四分类"垃圾分类，以前脏乱的垃圾不见了，小区的颜值提升了，环境也更美好了，老年人生活在这里非常幸福。

（二）丰富老年人精神文化生活

滨河社区成立了社区老年体协、老年科技工作者协会等组织，使广大老年朋友老有所乐、老有所为、老有所依。社区经常开展唱歌比赛、乐器演奏、广场舞、棋牌、气排球等活动，每年开展重阳节敬老活动以及重要节日的娱乐活动，丰富老年人的精神生活。

（三）提升养老服务质量

滨河社区设立了居家养老自助食堂，60岁以上的老年人可以用餐，80岁以上老年人免费用餐。对于有就餐需要的行动不便的老年人，志愿者会帮忙送餐上门，让老年人感受到社区大家庭的温暖。社区还建立了养老服务中心，对60岁以上的老年人提供免费体检、科学饮食指导、心理疏导等服务，同时建立健全老人档案、家庭医生签约、社区老人就医绿色通道等服务措施。社区有一支近百人的志愿服务队伍，他们为社区独居、空巢老人提供各种各样的志愿服务活动，如定期上门为他们打扫卫生、洗被子、购买大件生活用品等。社区还定期评选"最美家庭""五好家庭""活力老人"等，强化尊老、敬老的氛围，宣传先进典型人物事迹，引领风尚，使社区居民增强尊老、敬老意识。

第十章
景德镇市城乡老年友好型社区建设现状

第一节　景德镇市昌江区西郊街道景航社区

一、社区基本情况

昌江区西郊街道景航社区位于景德镇市西南部，离市区 18 千米，面积约 4.2 平方千米，有 1236 户 3582 人，其中 60 岁以上老年人 896 人，占总人口的 28%。

根据省、市、区工作要求，景航社区不断加强社区文化活动中心软、硬件设施建设，注重健全工作机制，确保为老服务工作落到实处。本着贴近实际、贴近生活、贴近老年人的需求，制定了一系列规章制度。

二、社区建设现状

（一）构建服务平台，完善服务功能

景航社区立足实际，积极整合辖区资源，对群众文化活动中心进行了大规模升级改造，全面提升各种服务设施的配置水平，建立了文化活动中心、老年大学、妇女儿童之家、居家养老服务中心，为老年人提供日托、用餐、上门等多种无偿、低偿、有偿服务。目前，居家养老服务中心占地面积 850 平方米，建筑面积 1430 平方米，共三层。第一层设置有 110 平方米的助老餐厅和爱心超市；第二层、第三层有日间照料室、网络资源共享室、多媒体室、

图书阅览室、法律咨询室、棋牌室、健身房、乒乓球室等活动场所。养老中心以生活照料和文体活动服务为主，为老年人提供日托照料、护理陪伴、代购代买、配餐送餐、家政服务、法律维权、文化教育、体育健身等服务。同时，医疗卫生服务中心还提供精神慰藉、医疗保健等专项服务。室外建有门球场、篮球场、健身场、文化休闲广场等 10000 多平方米的活动场所，使老年人日常起居休闲、餐饮寝眠、娱乐保健、修身养性等趋于规范化、合理化、科学化。

景航社区不断提升服务水平，完善服务功能。一是向内求创新。景航社区为老服务工作更加规范、更加科学、更加贴近实际，根据老年人的需求，成立了生活服务、精神服务、探亲服务、健康服务、法律服务、应急服务 6个服务团队，建立了 60 岁以上老年人基本情况台账。台账内容包括家庭住址、联系电话、健康状况、子女去向、生活需求等，做到不留空白，不漏一户，不缺一人，并将 6 个团队服务员（网格长、楼栋管理员和志愿者）分成 3 个片区 6 个网格，采取"一帮一""多帮一"志愿结对，以组团式为老人提供包户、包人、定期、接力式亲情服务。二是重点抓好两支服务队伍建设。景航社区成立由社区书记为组长，副主任、民政专干为副组长，计生专干、综治专干、社保信息员为成员的领导小组，由民政专干具体负责日常工作。目前志愿者服务人员 180 名，由社区干部、退休党员、低龄的老同志和驻辖区单位（公安干警、卫生服务中心医师、在校学生、企业员工）等组成，各服务团队分工明确、责任到人。2021 年以来已为 500 多位老年人提供服务，为老年人组织 10 多场比较大型的文化娱乐和免费体检等活动。

（二）开展多元服务，丰富老年生活

景航社区为老服务工作采取"三三四"工作法，即开展"三帮、三陪、四送"活动。"三帮"是指不定期到空巢老人家里看望问候，了解老人需求，安排老人到"助老餐厅"用餐、到日间照料室休息，帮助老人购物、做家务等，为老人的日常生活提供帮助；老人住院时，帮助联系医院，安排护工，帮助老人办理医疗报销和大病救助；建立老人健康档案，每月安排 1~2 次免费检查，医疗卫生服务中心还提供精神慰藉、医疗保健等专项服务，为老人提供法律援助，维护老人的合法权益，使老人的问题能依法调处和解决。"三陪"是指定期、不定期陪老人散步、聊天；陪视力不好的老人读书读报；陪老人参与适宜的文化娱乐活动。"四送"是指生日送寿面；生病送关怀；困难送温暖；病故送花圈。

景航社区不断提升为老服务质量。首先，社区在"快乐"两个字上做文章。景航社区居家养老服务中心为老人们提供了一个互相交流、互相帮助的平台，很多老人都能走出家门，结交朋友，摆脱孤独，融入养老中心这个大家庭，使"老有所乐"在养老过程中成为现实。为丰富老年人文化生活，社区为老人们开展了一系列活动，如老年人交流座谈会、健康知识讲座、学法护法、电脑培训、美术书法培训、音乐乐器培训、剪纸培训等。老年人文体活动更是丰富多彩，每天傍晚文化广场热闹非凡，有跳秧歌舞的、有跳健身操的、有打太极拳的。此外，还利用春节、中秋节、国庆节、重阳节等重大节日开展大型文体活动。其次，社区在"互助"方向搭建平台。老人们在"养老中心"的时间长了，有了感情，身体较好的老人还主动找到居家养老服务中心，表示愿意为其他老人奉献爱心。大家真的希望加入养老中心这个家，用心呵护这个家。最后，社区在"作为"两个字上比奉献。养老中心始终倡导积极健康的人生价值观，主张老年人发挥好自身的长处，投身社会服务和公益活动，重新发光发热。目前，社区的文明劝导宣传队、治安巡逻队、家庭纠纷调解队、卫生环境保洁队也纷纷出现了老年人的身影。老年人也积极参与寒暑期青少年活动，参加社区组织的"大手牵小手、共建和谐家园"活动，给孩子们讲爱国主义故事、家庭美德、社会公德。通过活动，达到了老幼共建、增长知识、提高素质、携手同乐、放松心情的良好效果。

第二节 景德镇市珠山区珠山街道莲花塘社区

一、社区基本情况

江西省景德镇市珠山区珠山街道莲花塘社区位于莲花塘风景区，坐落于莲社北路风景秀丽的莲花塘畔，辖区60岁以上老年人386人，占总人口的16.9%，是一个典型的老龄化社区。为贯彻落实党中央、国务院关于实施积极应对人口老龄化国家战略的决策部署，推进老年友好社会建设，根据市委、市政府指示精神，在珠山街道党工委、办事处的正确领导下，莲花塘社区居民委员会结合实际，立足根本，着力提升社区服务能力和水平，更好地满足老年人在居住环境、日常出行、健康服务、养老服务、社会参与、精神文化生活等方面的需要，探索建立老年友好型社区创建工作模式和长效机制，切实增强老年人的获得感、幸福感和安全感。

二、社区建设现状

（一）组织领导，高度重视老龄工作

莲花塘社区建立了老年友好社会建设工作领导小组，由社区书记、主任任组长，社区副书记、社区副主任任副组长，全体社区干部为组员，社区干部任专职老龄工作人员。莲花塘社区排查登记辖区老人，建立台账，做好跟踪服务，派辖区网格员、楼栋长定期跟踪辖区老人生活起居状况，做好无缝对接，定期采用青年志愿者服务、送医上门、帮扶结对、送节目上门、邻里互助等多种形式，对有需求的老人实现关爱全覆盖，全力推动辖区创建示范性老年友好型社区建设。社区每月组织老龄工作调度会议，邀请辖区老龄代表参会，听取老年人对社区工作的意见、建议，倾听老年代表心声。

（二）发动宣传，加强营造工作氛围

莲花塘社区充分利用电视、报纸、广播、网络、微信公众号等媒体媒介，大力倡导"积极老龄观、健康老龄化、幸福老年人"的理念，组织多种形式的"敬老、爱老"主题教育活动。在建党100周年之际，组织辖区党员上门聆听老红军战士宣讲。是老一辈无产阶级的牺牲和付出才换来今天来之不易的美好生活，要从思想上根植爱老、敬老、关爱老年生活的理念，广泛宣传老年友好型社区创建工作，在辖区显著位置张贴宣传口号、标语，倡导文明新风，关爱老年生活，在全社会积极营造养老、孝老、敬老的浓厚氛围。

（三）努力创新，深入开展老龄工作

莲花塘社区积极上户，联合辖区党员志愿者每周开展卫生大扫除活动，并对辖区特殊老年人进行帮扶，为其打扫卫生，改善老年人居住环境；定期对独居、空巢等老年人家庭用水、用电和用气等设施进行安全检查或入户排查，对老化或损坏的设施及时改造维修，排除安全隐患，建立社区防火和紧

急救援网络。莲花塘社区紧邻景区，周围老年人活动的集中场所已建设无障碍通道和公厕，社区服务点均设置无障碍通道。同时，社区在沿街主干道上每间隔 50 米安装木质靠椅，方便老人休憩；在辖区设置专为老年人打造的健身器材，并由专职人员向有需要的老年人提供专业指导。为针对不同需求的老人解决其实际困难，社区联合社区卫生服务中心，每月中下旬对辖区老年人开展免费体检、免费咨询活动，为老年人提供生活方式和健康状况评估、体格检查、辅助检查和健康指导等健康管理服务。社区也会联合街道相关部门开展以老年人识骗、防骗为主要内容的宣传教育活动，提高为老服务的质量。逢节假日或周末社区会组织"五老"队伍及老年书画协会举办辖区书画活动。书画老师、老年书法爱好者挥毫泼墨，增强了社区居民对中国文化的热爱，营造出健康和谐的文化氛围，这些活动扩大了老年人的社会参与面并丰富了老年人的精神文化生活。社区还帮助老年人学习使用电脑、智能手机等智能产品和智能技术，并为使用智能技术有困难的老年人在其高频活动场所保留必要的传统服务方式，指导老年人使用微信聊天、手机支付、网约车服务、手机外卖服务等，解决老年人出行难、用餐难等问题，提高为老服务的科技化水平。

第十一章
江西省老年友好型社区参评资料选编

第一节　应对突发公共事件的应急预案

一、南昌市杨家湾社区应对火灾等突发公共事件工作应急预案

为提高社区应对火灾等突发公共事件的能力，迅速、高效、有序地应对各种突发灾害，减轻灾害给群众带来的人身和财产损失，根据防灾减灾工作的有关要求，结合社区实际，特制定本预案。

（一）指导思想

坚持以人为本，以创建和谐平安社区为目标，扎实推进防灾减灾各项工作，最大限度地保护社区人民群众的生命和财产安全。

（二）适用范围

凡在本社区范围内发生的火灾、水灾、雷电、地震及其他突发公共事件达到启动条件的，适用于本预案。

（三）工作原则

当社区居民的人身、财产安全受到威胁时，社区防灾减灾领导小组应坚持以人为本的原则，全力以赴做好应急救助工作；坚持共同抢险的原则，积极动员小组成员和群众广泛参与，紧急转移灾民；坚持互救互助的原则，采取科学有效的方法，把损失降到最低；坚持结对帮扶的原则，为弱势群体安排专人救助；坚持生活保障的原则，妥善安排好灾民吃、穿、住等基本生活。

（四）应急组织职责

成立杨家湾社区应对火灾等突发公共事件的防灾减灾工作领导小组：组长由社区党支部书记担任；副组长由支部副书记担任；成员由15名社区干部、片区民警、志愿者担任。建立以社区干部为骨干的防灾减灾领导班子，成立以物业、医护人员、党员、群众代表、青年志愿者为中坚力量的应急救援队伍。领导小组负责研究制定防灾减灾具体措施，开展灾害应急响应、紧急救援、灾民安置、灾民生活安排及灾后恢复重建等工作。领导小组下设办公室、信息组、监测组、转移组、抢险组、保障组，具体职责有以下六点：

（1）社区防灾减灾办公室。负责协调各部门、各小组做好减灾工作。管理和维护减灾器材和储备物资。负责组织社区防灾减灾宣传活动，定期组织居民和学生参加防灾减灾知识培训和紧急救援演习活动。紧急时期，随时通过固定电话或手机等与各小组保持联系。

（2）社区防灾减灾信息小组。负责灾前信息收集，灾后资料整理、报送和灾情信息的发布工作。负责在紧急情况下，通过手机短信、对讲机和广播，将信息更快、更准、更直接地传播到区居民。

（3）社区防灾减灾监测组。负责对辖区内水系、地质灾害点、危房、供电线路等灾害隐患点进行认真排查，及时做好隐患排查记录和风险评估，并提出合理建议，采取必要的防范措施；列出老年人、伤残人员、留守儿童、居民危房、水系等灾害隐患清单；根据地形地貌、易发灾害的种类和隐患点，编制《杨家湾社区灾害风险地图》。

（4）社区防灾减灾转移组。负责组织人员实施救援，及时将灾民转移到安全地带，妥善安排灾民生活，维护交通和社会秩序。

（5）社区防灾减灾抢险组。负责出现险情时疏散和救援工作，特别是在火灾和危房倒塌时协助联系消防车进行救援抢险工作。

（6）社区防灾减灾保障组。主要负责紧急避难场所灾民所需的床被、食物、饮用水、衣服、医疗卫生救援等物资的筹备工作。医治受伤灾民，做好灾区卫生防疫工作。确保24小时内灾民能得到衣、食、住、医等方面的基本生活保障。

（五）应急准备措施

因地制宜编制《杨家湾社区避难所示意图》，在力高国际城五期露天体育场、力高国际城五期防空地下避难场、金沙路小学操场等处设立避难场所，并整合资金对场所进行平整，铺设水泥地面，融休闲、避险功能为一体。社区避难所总面积达 3000 平方米，可容纳 60000 余人。各避难场所都树立了固定的社区避难示意图和减灾知识宣传牌，社区主要交通路口设有明显的"紧急疏散通道"标识牌。专门设立防灾减灾科普展厅、医护室、休息室、器材室、应急物资储备室等工作室，配备电视机、增强型多媒体盘片系统（EVD）、灭火器、棉被、床、刀、斧、锯、救援绳、手电筒、扩音器、对讲机、铁锹、安全帽、雨靴、雨衣、煤气灶、煤气罐、电饭煲、应急药品等宣教器材和储备物资，做到有备无患、随时可用。

（六）应急响应措施

一旦灾情达到启动应急预案条件，先向社区领导小组组长报告，经组长同意后，社区应做好以下工作：

（1）向八月湖街道办事处和上级有关部门报告灾情，包括灾害发生的时间、地点、范围和灾害后果（包括人员受灾情况、人员伤亡数量、房屋倒塌和损坏情况及直接经济损失等）。

（2）召集防灾减灾领导小组会议，研究部署应急抢险工作。

（3）紧急组织人员施救，领导小组组长必须亲自到场指挥，及时转移灾民，并为灾民提供临时住所、应急食品、衣被等生活必需品。

二、赣州市和平路社区火灾应急预案

（1）成立社区消防安全应急工作领导小组。

组　　长：温某　社区书记

副组长：蔡某　社区综治专干

成　　员：陈某、舒某、汤某、徐某某、苏某某

电　　话：079-78353×××

（2）发现火灾，居民或工作人员应立即拨打"119"，并第一时间向领导小组报告情况，尽可能做好先期处置。

（3）社区消防安全应急工作领导小组赴现场并通知街道社建办、安监科、社区民警和有关工作人员投入抢险，领导小组组长为现场先期处置第一指挥人及责任人，如遇特殊情况由领导小组组长指定有关人员进行指挥。

（4）社区消防安全应急工作领导小组成员负责组织居民群众撤离起火现场到安全地带，弄清火灾现场的人员人数，联系医务人员，并核实伤情，向领导小组组长及时通报情况。同时，维护好外围秩序。

（5）火灾发生及相关动态由第一发现人及领导小组组长负责向上级有关部门报告情况。火灾后应保护好现场，协助公安、消防部门进行事故现场分析，查明原因，妥善处理后期事宜。

三、赣州市和平路社区防灾减灾安全事故应急救援预案

为增强社区对防灾减灾安全事故的应急处置抢救的快速反应能力，从思想上、组织上做到高效保障，及时地开展安全事故处置救援工作，最大限度地减少事故造成的损失，确保人民群众的生命财产安全，根据上级有关文件精神及法律法规要求，结合社区实际，特制定本预案。

（一）本预案适合于社区范围内可能发生的性质严重、损失重大的安全事故应急处理

重大安全事故包括：

（1）各种消防安全事故。

（2）重大自然灾害事故。

（3）重大交通安全事故。

（4）重大安全生产事故。

（5）重大治安灾害事故。

（6）民用爆炸物品和化学危险品重大安全事故。

（7）重大流行疾病灾。

（二）成立和平路社区安全事故应急处理领导小组

组　　长：温　某　社区书记

副组长：陈　某　社区副书记

组　　员：舒　某　社区干部

　　　　　汤　某　社区干部

　　　　　蔡　某　社区干部

　　　　　苏某某　社区干部

　　　　　徐某某　社区干部

领导小组职责：负责社区辖区范围内重大安全事故应急处理并督促各单位、各企业认真参与实施，建立健全事故应急救援队伍；在发生重大安全事故时，负责协调事故应急救援和善后处理工作，并及时向上级报告情况（不得越级上报）；根据特大安全事故的具体情况和救援工作的实际需要，动员全体社区工作人员参与抢险救灾工作。

（三）应急抢险措施

（1）值班报告：社区实行全年值班制度，本辖区内发生特大安全事故时，值班人员应迅速核实情况，并以最快捷的方式向主管部门和社区领导报告，同时通知所有工作人员到场并立刻报告公安、消防、安监、卫生等部门。

（2）紧急救援：确认辖区内发生重大安全事故时，所有应急处理领导小组成员应在 20 分钟内到达现场，开展抢险救援行动。

（3）分工负责，合理处置：工作人员在发生重大火灾安全事故时，按照各自分工情况迅速就位，实施救援。

（4）保护现场：重大安全事故发生后，全体参与抢险工作人员及现场群众都负有严格保护现场的责任和义务，因抢救伤员、疏导交通、防止扩大事态等情况必须移动现场有关物品时应妥善做好取证、记录、标志等工作。

四、赣州市平川社区应对突发公共事件的应急预案

根据国家有关法律、法规及市、县、城市社区相关应对突发公共事件的应急预案，结合本社区实际，制定本预案。

（一）指导思想

规范和强化社区应对突发公共事件工作管理，进一步提高社区保障消防安全和处置突发性重特大事故的能力，最大程度地预防和减少突发性事故及其造成的损害和影响，保障本社区企事业单位和公众的生命财产安全，维护社会稳定，为打造平安社区、和谐社区提供有力的保障。

（二）组织机构

根据工作需要，成立平川社区应对突发公共事件管理委员会，名单如下：

主　任：陈某某

副主任：黄某某、王某某

成　员：肖某某、张某某、李某某、谢某

（三）分类与分级

本预案所称的突发公共事件是指造成或者可能造成重大人员伤亡、财产损失、严重社会危害的危及本社区的紧急事件。事故按其性质和严重程度、伤亡人数分为三级：Ⅰ级（特大）、Ⅱ级（重大）、Ⅲ级（一般）。

（四）预测与预警

社区要针对各种可能发生的重特大事故，完善预测预警机制，注意收集社区内可能造成突发性事故的信息，对突发性事故做到早发现、早报告、早处置。

1. 建立社区安全消防工作网格化管理体系

社区成立了以主任为第一责任人的地区消防安全工作促进委员会，每位社区干部都作为责任人负责包保社区内的消防安全工作。

绘制社区消防安全工作网格化责任区示意图。社区一把手为责任区第一责任人，并将驻社区内重点生产经营单位、火灾危险源与火灾隐患单位、机关单位、餐饮娱乐等单位在示意图上做好标记，使社区消防安全工作责任主体一目了然。

2. 建立安全工作例会制度

一是定期召开安全工作专题调度会，就安全生产工作的某一个专题，如防火工作、危险源排查工作等进行工作调度。二是制定社区每周的例会制度，就社区上一周的安全工作进行总结和分析。对未来一周的工作进行安排和布置。

3. 健全完善社区安全工作档案

安全工作档案主要包括以下五个方面：一是安全工作的组织机构和责任分工；二是各种规章制度和文件；三是驻社区生产经营单位一览表、重点单位情况表；四是对重点安全隐患单位的排查、整改、复查、上报记录；五是社区安全工作会议的会议记录和各种安全宣传工作的活动记录。

4. 建立社区安全检查、督察工作机制

预防和排除水灾的隐患，首先要以日常检查为主。责任区第一责任人（社区书记）负责本区域内的安全检查工作，定期组织人员对单位进行安全检查。定期组织各个责任区的责任人进行互查，并不定期组织人员进行抽查。

5. 加大对安全工作的宣传力度

提高驻社区企事业单位、个体户、社区居民的安全意识是一项重点工作。

社区要加大对安全工作的宣传力度，积极开展各类安全宣传活动和消防演练活动。

6. 制定信息上报制度

社区要综合分析可能引发的各类突发性事故的预测预警信息并及时上报。根据值班和信息报送的有关规定，配备专职值班人员和监测人员，加强应急值班和信息报告。

社区在确认可能引发某类突发事故和预警信息后，要根据制定的应急预案及时展开部署，迅速通知各相关单位和部门采取行动，防止事件的发生或事态的进一步扩大。

预测将有较大以上突发性事故发生时，社区应密切关注事态的发展趋势，根据事件的发展状况和严重程度，快速将动态信息报告镇、县两级应急委。信息报告应及时、准确、规范。

（五）处置与响应

（1）地区突发性火灾事故发生后，社区要立即启动应急预案，在控制事态、组织抢险救援的同时，及时汇总相关信息迅速报告。对于一般性、较大突发安全生产事故或者发生在敏感地区、敏感时间、可能演化为特别重大事故的情况，要在第一时间如实向镇应急办报告，来不及形成文字材料的，通过电话报告。不得迟报、谎报、瞒报和漏报。报告主要内容包括时间、地点、信息来源、事件性质、影响范围、事件发展趋势及已经采取的措施等。应急处置过程中也要及时续报有关情况。

（2）社区突发性事故发生后，社区书记及相关责任人要立即赶赴现场指挥开展救援行动。应维护好事发地区治安秩序，做好交通保障、人员疏散和群众安置等各项工作，尽全力防止事态的进一步扩大。及时掌握事态进展情况，随时向镇应急办汇报，并结合现场实际情况，尽快研究解决方案。

（3）在接到上级结束应急处置工作的命令后，按照规定，在指定时限内，就发生突发性事故的有关情况、现场处置工作以及善后工作情况整理成文字材料向镇应急办报告。

（4）应急工作宣告结束后，社区要积极稳妥、深入细致地做好善后处置工作，恢复正常社会秩序。

社区根据实际情况变化，及时修订本预案。

五、赣州市中山社区消防安全应急预案

为加强社区消防安全、提高社区居民消防意识，确保在发生火灾时，居民能准确报警，保证群众的人身安全和财产安全，减少损失，特制定此预案。

（一）建立社区消防安全应急工作领导小组，设立第一责任人，使消防安全工作落到实处

组　　长：郑某

副组长：胡某某

成　　员：廖某某（1）、胡某、廖某某（2）、李某某、杨某某、黄某某

（二）公布火警电话，使报警电话家喻户晓

发现火灾，居民或工作人员应立即拨打火警电话或报警电话，并在第一时间向领导小组报告情况，尽可能做好先期处置。

（三）加强防火安全防范措施，认真查处火患苗头

社区以"预防为主"，组织成立巡逻值勤组、后勤保障组、宣传报告组，建立三级联防联控工作体系。

（1）巡逻值勤组：郑某、杨某某、廖某某。其职责是：每天早晚轮流在社区巡逻，发现火情立即报警，及时上报社区、街道并组织处理。

（2）后勤保障组：胡某某、黄某某、胡某。其职责是：正确掌握火情变化发展趋势，及时了解扑火情况，并进一步向上级汇报。组织调配物资，协调物资供应，并负责受灾群众的转移安置工作。

（3）宣传报告组：廖某某、李某某。其职责是：采用社区通、标语、横幅等手段，向群众宣传防火安全知识，提高群众的预防意识，减少火灾的发生。发生火灾后，第一时间赶到现场，了解火情，向有关部门提供真实的报告。

（四）实施程序

（1）街道负责人未到达时，由社区责任人统一指挥，参加扑火的单位和人员必须服从指挥。

（2）在扑火的过程中，首先要保护人民的生命财产、扑火人员和重要公共设施的安全。

（3）在扑火力量上，坚持以消防大队人员专业力量为主、本部门的扑火

队为辅的原则。

（4）现场指挥员必须认真分析地理环境和火场态势，在扑火时要时刻注意观察天气和火势的变化，确保扑火人员的安全。如遇火势大到难以控制并威胁到其他居民财产安全时，应在周围开设防火隔离带，以便确保其他居民的财产安全。

（五）预防宣传

（1）在重大节日前，组织义务消防队伍进行因烟火引起火灾时的处理方法演练。

（2）由社区义务消防宣传组上门入户宣传居民家中因用电超额引起火灾时的处理方法。

（3）因大风天引起火灾时，居民应避开高压电源、用火地点，及时报警。

（4）因家庭油锅着火，居民应立即盖上锅盖，切断电源。

（5）因家庭液化气泄漏引起火灾时，居民应选择逃生，立即拨打火警电话，并向社区居委会报告，社区居委会人员与居民维护好现场。

六、赣州市中山社区：构建应急网络，提高应急救援能力，开展应急疏散演练

消防安全示范社区、绿色社区美丽家园示范社区、全国"扫黄打非"进基层示范点、"十二五"期间老年人体育工作先进单位……这些都是中华商贸城中山社区近几年获得的荣誉，也是该社区积极开展人防民防进社区工作取得成效的具体表现。中山社区围绕"减灾从社区做起"的工作思路，以宣传自救互救技能为主线，深入开展宣教活动，普及减灾知识，增强居民减灾意识，全面提升社区防灾减灾能力和居民避灾自救能力。多年来，社区内无较大事故发生，社会环境稳定平安。

中山社区居委会书记利某某介绍，社区成立了以小区物业和居民段组长为骨干的应急工作网络和减灾应急救援队，广泛招募志愿者，协助社区做好灾情排查、信息上报、应急救援等各类工作。目前社区共有网格6个，防灾减灾信息员47人，每个小区均有2名以上信息员，实现了小区信息员全覆盖。现有应急救援队伍3支，分别为社区医院医疗救援队、居民志愿者救援队、社区网格员救援队，共计200余人。社区通过构建应急网络，不断提高

应急救援能力。

同时，社区根据《国家突发公共事件总体应急预案》《国家自然灾害救助应急预案》和本社区环境特点，成立灾害应急领导小组，有针对性地制定了多种灾害应急救助预案，形成了横向到纵向的救灾工作体系。社区还广泛发动居民群众积极参与，把家庭防灾作为社区防灾的重要组成部分，逐渐形成了社区、单位（选区）、家庭三级应急组织网络。

为全面提升防灾减灾能力，社区在减灾硬件设施上也下足了功夫。社区内不仅设有防灾减灾办公室、会议室、宣教中心、防灾减灾指挥室、应急物资储备库，还将辖区单位停车场设为避难场所，将辖区医院设为避难医院，将超市设为物资供应单位，以保证灾害发生时能够第一时间提供物资、开展救助。

开展防灾减灾工作，防范是关键。在上级部门和单位的支持配合下，为使居民掌握减灾技能、提高自救能力，社区每年定期开展地震、消防、公共安全、洪涝等多样的宣传演练活动，使居民深入学习灾害来临后应如何自救逃生，掌握应急知识。自2018年以来，社区联合辖区共开展各类演练11次，参与人数6000余人次，防灾避险能力得到了提升。

中山社区还积极加强了减灾工作的宣传教育。社区制定了切实可行的教育计划，使减灾宣传有条不紊地进行。2018年以来，社区开展各类宣教活动8次。为加大宣传力度，社区还制作、发放了防灾减灾自救知识折页6000余张、科教书1500余本，使宣传力度得以加大，宣传效果更加突出，切实提高了居民的防灾减灾知识、素养和自救、互救技能。

第二节　特殊困难老人探访制度

一、南昌市杨家湾社区老人定期巡访工作制度

按照老年人关爱服务工作要求，结合社区实际，制定社区老年人定期巡访工作制度。

（一）指导思想

以习近平新时代中国特色社会主义思想为指导，认真贯彻省委、省政府关于养老服务体系建设的重大决策部署，应市委、市政府及县委、县政府的工作要求，以经济困难家庭的高龄、失能留守老年人为重点对象，以防范留守生活安全风险为服务方向，以增强生活照料、精神慰藉、安全监护、权益维护为服务内容，以社区履行职责为抓手，以防范冲击社会道德为底线，努力健全和完善留守老年人关爱服务体系，建立健全家庭尽责、基层主导、社会协同、全民行动、政府支持保障的老年人关爱服务工作机制。

（二）定期探访

要建立留守老年人定期巡访制度，及时了解留守老人生活状况。在居民小组中为留守老年人就近安排探视人，保障对留守老年人每人每天探视1次；在社区范围内，按照居民小组分布组建留守老年人定期探访队，由3~5名社区干部构成，保障每个居民小组每周探访留守老年人1次以上。探视或探访期间，如发现留守老年人因突发事件导致生活陷入困境或生活不能自理，社区要尽快联络其子女或家人，并组织亲属或邻里应急照护留守老年人。

（三）建立健全服务制度

留守老年人一般是指因子女长期离开居住地务工或经商，身边没有赡养人或者赡养人没有赡养能力的老年人。这些留守老年人由于子女长期不在身边，不少还承担着繁重的劳动或者承担着抚育孙辈的义务，容易出现生活缺乏照料、安全缺乏保护、精神缺乏慰藉、失能缺乏护理等问题。

对于以上问题，建立留守老年人定期探访制度；建立留守老年人信息台账制度；建立留守老年人分类管理制度；组建老年人协会；建立老年人工作站，及时了解或评估留守老年人生活情况、家庭赡养责任落实情况，尽最大可能防止和化解留守老年人生活安全风险，同时报告街道办事处。居民发现留守老年人外出流浪乞讨、遭受非法侵害、发生危重病情、患有严重精神疾病、面临重大困境等情况时，要及时向社区报告，进行紧急处置，并及时实施关爱救助。

二、赣州市中山社区独居、空巢、失能（含失智）、重残、计划生育特殊家庭等特殊困难老年人家庭探访制度

为弘扬中华民族尊老、敬老、助老、为老的传统美德，树立尊重、关爱、关注、关心老年人的良好社会风尚，特制定本制度。

（1）走访对象。独居、空巢、失能（含失智）、重残、计划生育等特殊困难老年人家庭。

（2）走访时间。每月月头、月中不定期对老人进行走访。每年不低于12次。

（3）走访目的。了解需求，解决困难，带去慰问。

三、赣州市五龙村特殊困难老年人定期探访制度

为弘扬中华民族敬老、孝老、爱老的传统美德，树立五龙村孝养老人的新风尚，让老人老有所养、老有所依、老有所乐，特制定五龙村老人探访制度。

（1）为五龙村60岁以上老年人建立花名册，按自理程度划分自理、半自理、失能老人。

（2）建立以村组干部、党员为主体的老年人服务志愿者队伍，为老人提供志愿服务。

（3）每周三定期对失能老人生活状况进行探访，对老人近况进行调查摸底，发现生活状况下降的及时解决。

（4）定期由签约家庭医生为特困老人提供上门诊治服务，解决老人出门困难问题，同时调查老人身体近况。

（5）以上工作由民政干部曾某某负责，妇联干部赖某某协助。

四、赣州市新路村特殊困难老年人定期探访制度

根据《关于开展老年友好型社区创建与推选"全国示范性老年友好型社区"工作的通知》（赣市老龄办字〔2021〕2号）文件精神，为着力将我村打造为情系百姓、配套齐全、服务完善、生活便利的老年宜居社区，提高辖区老年人的获得感、幸福感和安全感，现制定新路村特殊困难老年人定期探访制度，有关要求如下：

（一）探访对象

主要包括独居、空巢、失能（含失智）、重残、计划生育特殊家庭等特殊困难老年人家庭。

（二）工作内容

1. 全面排查我村特殊困难老年人家庭

2021 年 3 月起，在我村全面开展老年人基础信息核查、联系人登记等工作。对我村 60 岁及以上老年人基础信息进行核查，对特殊困难老年人进行信息标注，并补充进行联络人登记，填写《新路村老年人摸底台账》，2021 年 3 月底完成登记工作。建立信息共享和动态管理的特殊困难老年人信息台账，及时了解并评估其生活状况、家庭赡养责任落实情况等。

2. 建立农村特殊老年群体探视走访制度

2021 年 4 月起，启动我村特殊老年群体探视走访工作，一是建立村干部与辖区特殊困难老年人结对帮扶制度。二是通过政府购买服务，引导社会组织等专业力量定期（每季度）对我村独居、空巢、失能（含失智）、重残、计划生育特殊家庭等特殊困难老年人家庭进行探视走访，提供生活照料、精神关爱等相关志愿服务，并填写《新路村特殊困难老年人探访记录》。

（三）工作要求

村委会各干部要高度重视，认真排查辖区内特殊困难老年人，按规定落实定期探访，建立定期探访长效机制。通过落实探访，及时了解和掌握辖区特殊困难老年人的生活、健康情况。

第三节　老年人宣传教育活动资料

一、南昌市溪湖北社区老年人宣传教育活动资料

（一）溪湖北社区"义诊进社区，健康伴您行"暨文明创建宣传志愿服务活动小结

2019 年 11 月 16 日，在南昌市第一附属医院高新分院的大力支持下，溪

湖北社区在辖区恒大御景小区进行"义诊进社区，健康伴您行"义诊活动，同时在活动现场开展文明创建宣传活动。

为了使本次义诊活动能够顺利进行，社区事先做了大量的宣传工作，提前张贴了义诊通知。活动刚一开始，现场就聚集了大量的居民，大家排着队等待医生的听诊、护士测量血压等，医护人员还耐心地给社区居民提供健康咨询，对前来咨询的居民进行了免费检查。同时，医护人员还派发了健康保健知识宣传单，并向居民讲解了一些日常的健康知识和自我保健的方法。

在活动现场，工作人员和志愿者们向居民发放《南昌市民文明行为手册》《垃圾分类守则》等宣传资料，帮助广大社区居民加强对创建全国文明城市重要性的认识，使广大居民树立更加牢固的文明意识，进一步加强社会公德、家庭美德、文明礼仪教育，让文明创建意识入家入户。

社区义诊活动重在提高社区居民的健康知识水平，增强居民的健康保护意识。通过健康体检和健康咨询，实现了溪湖北社区为居民"办实事、解民忧、惠民生"的良好愿望，也进一步增进了社区群众与社区的密切关系。此次宣传活动增强了居民对创建文明城市重要性的认识，提升了居民对文明城市创建的知晓度和参与度，让文明创建意识进入千家万户。

（二）溪湖北社区"老年人健康知识讲座"活动小结

随着年龄的增长，骨关节往往会出现很多问题，给老人们的晚年生活带来诸多不便。为在辖区广泛普及骨科健康知识，以实际行动关爱老年人身体健康，2020 年 8 月 27 日下午，溪湖北社区邀请艾溪湖卫生服务中心，在社区二楼活动中心举办了一场通俗易懂且实用性强的骨性关节炎健康知识讲座。

在举办讲座前，艾溪湖卫生服务中心为参与活动的居民测量血压，从而让居民对自身的身体状况有所了解。同时，溪湖北社区工作人员、志愿者、艾溪湖卫生服务站的工作人员向居民发放宣传手册，提升居民对骨性关节炎的认知，从而做到有效预防。

艾溪湖卫生服务中心的医生重点围绕骨关节病发生的原因、骨关节病的症状以及骨关节病的治疗和预防等知识进行了全面详细的讲解。第一，在日常生活中要注意做好关节保护，尽量减少对关节伤害较大的活动。第二，要科学饮食。第三，适当补充钙剂，预防骨质疏松。第四，注意做好关节部位的保暖。第五，适当进行可以改善关节功能的体育锻炼。医生还提示大家一且出现关节痛或骨关节炎相关症状，务必到正规医院就诊，切忌滥用抗生素或止痛类药物。

本次讲座不仅使辖区老年人对骨性关节炎疾病有了足够的了解，提升了老年人对骨性关节炎的认知，更激发了老年人关爱自己、关爱健康的自我保健意识，得到老人们的一致好评。

（三）溪湖北社区"学急救知识，与死神拼速——心肺复苏术"志愿服务活动小结

为了增强辖区居民自救和互救意识，提高居民紧急情况下的自救能力，2020 年 9 月 20 日上午，溪湖北社区与江西科技学院、阳光天使服务团联合举办自救互救知识技能培训，利用模拟人现场向居民普及了自救互救知识和方法。

活动现场设立义诊、咨询台为辖区居民测量血压、血糖，并传授居民一些健康小知识。配合着宣传横幅，社区居民志愿者现场为辖区居民发放急救知识普及宣传手册。

活动中，江西科技学院专家为辖区居民讲解心肺复苏的理论概念：心肺复苏最主要的目的是保证心脏、大脑等重要器官的血流灌注。心博骤停期间越早进行心肺复苏，心肺复苏质量就越好，恢复自主循环的可能性也就越大。讲解结束后，专家带领小区居民进行了实操练习。专家对居民们的操作给予耐心指导，对一些重点步骤反复示范，规范学员动作，以期通过练习达到学以致用的目的。师生积极互动，现场气氛活跃。

通过此次活动，居民们掌握了基本的急救方法和技能，在紧急情况下能够做到及时施救。

（四）溪湖北社区"加强法制宣传教育，提高全民法律素质"普法宣传志愿服务活动小结

为进一步普及宪法知识，营造浓厚的学法、用法氛围，提高社区居民法律素质和法治意识，2020 年 12 月 4 日，艾溪湖管理处溪湖北社区开展了"12·4 国家宪法日"普法宣传活动。溪湖北社区开展"加强法制宣传教育，提高全民法律素质"普法宣传讲座，特邀专业律师现场授课，为社区居民普及与生活息息相关的法律常识。

讲座中，律师以通俗易懂的语言围绕居民日常生活中遇到的热点、难点问题及常见的民事纠纷开展一对一现场答疑，就大家关心的婚姻家庭关系的处理、借条借据的格式风险规避、交通事故处理及天价彩礼等涉及的法律知识进行讲解，并讲述《中华人民共和国民法典》亮点。社区居民与专业律师频繁互动，活动现场时不时传出欢声笑语，大家纷纷对这种通俗易懂的普法语言和普法方式表示赞赏。

讲座结束后，社区志愿者们为现场居民赠送了《中华人民共和国民法典》读本供大家学习。活动中接受群众咨询 50 人次，发放各类宣传资料 100 余份，普法宣传效果显著，得到了社区居民的一致好评。

（五）溪湖北社区开展科普活动——开展"应急救援知识培训"活动小结

为帮助居民了解紧急救援知识，应对居民突发紧急身体状况，守护社区居民健康，2021 年 3 月 2 日下午，溪湖北社区与南昌工程学院一同开展了"应急救援知识培训"活动。

活动开始前，溪湖北社区陈主任代表社区欢迎南昌工程学院红十字会学生的到来。活动开始后，由南昌工程学院红十字会学生担任讲师，讲述了应急救援知识的内容。在学生结合自身家庭讲解后，居民们认识到学习应急救援知识至关重要。南昌工程学院的学生给居民发放了家庭红十字应急救援手册，居民纷纷表示非常实用。他们还请学生代表通过假人模拟，传授心脏复苏、人工呼吸的救援操作方法。

此次应急救援培训活动既帮助居民了解了紧急救援知识，让他们了解到保持身体健康的重要性，也让南昌工程学院的学生们贴近社区、贴近生活。

（六）溪湖北社区健康教育活动——"预防老年痴呆症"知识讲座小结

伴随我国老龄化程度的加深，老年痴呆患者增加成为中国社会不得不面对的难题。老年痴呆症，又称阿尔茨海默病，是发生在老年期及老年前期的一种原发性退行性脑病，是一种持续性高级神经功能活动障碍。很多子女因为工作繁忙而忽略了对老人的生活照顾、心理疏导，以致此类病症不断加重。为了加强预防老年痴呆症，溪湖北社区于 2021 年 5 月 11 日开展了"预防老年痴呆症"知识讲座。

艾溪湖社区卫生服务中心李医生结合理论知识和生活实例，以风趣的语言，从老年痴呆的概念、现状、识别、预防等方面做了生动详细的介绍。此外，还阐述了简易痴呆预知自测法、早期痴呆症干预措施等，提醒大家要改变不良生活习惯，合理饮食，倡导有机生活方式。李医生的讲座深入浅出、图文并茂，使老年朋友对老年性痴呆症有了更深的认识和了解。此次讲座不仅有效提高了老年人对老年痴呆症的认识，还营造出社会关注老年人健康的氛围，获得了社区居民的一致肯定。

二、南昌市杨家湾社区老年人宣传教育活动资料

（一）杨家湾社区开展健康膳食知识讲座

为进一步提高全民健康素养，引导居民养成健康的生活方式，2019 年 6 月 18 日，杨家湾社区开展了全民健康生活方式知识讲座，邀请辖区的志愿者为居民进行讲解，参加知识讲座共 50 余人。

此次讲座从日常生活入手，以科学运动、膳食平衡等内容为切入点，积极宣传科学、健康的生活方式，进行相关科普知识的传播。通过讲解、互动的方式，志愿者向来参加活动的群众传授了"三减三健"的健康知识，以合理膳食和适量运动为切入点，讲解膳食指南，倡导"减盐、减油、减糖、健康口腔、健康身体、健康骨骼"的全民健康行动。

此次活动有利于进一步推进全民健康生活方式，强化群众健康意识，引导群众摒弃不良生活习惯，迈向健康生活。

（二）杨家湾社区开展"文明健康·有你有我"义诊活动

为进一步巩文巩卫，保障居民身体健康，提高居民的健康意识和自我保健意识，2020 年 8 月 15 日，八月湖街道杨家湾社区新时代文明实践站联合南大一附医院象湖院区举办了"文明健康·有你有我"义诊活动。

在义诊活动启动仪式上，八月湖街道党工委副书记、办事处主任余某发表讲话，欢迎南昌大学第一附属医院在八月湖街道开展义诊活动。

居民们早早来到义诊地点等候。看到大家的热情很高，义诊医生们一边为居民科普健康知识，一边进行义诊。参加本次义诊活动的科室包括妇科、肿瘤科、骨科、口腔科、心血管内科、皮肤科、眼科、儿科，医生们有针对性地为居民做健康检查，对前来咨询的居民进行一对一的耐心指导。

此次义诊公益活动大力宣传健康科普知识，倡导健康、文明、进步的生活方式，增加了居民对疾病知识的了解和认识，能够引导居民树立健康观念、培养健康行为、提高健康素养，携手打造健康幸福社区。

（三）杨家湾社区开展"义诊活动暖人心"活动

为关爱居民的身体健康，增强社区居民的疾病防范意识，2021 年 2 月 28 日，南昌县八月湖街道杨家湾社区联合力高怡邻健康客厅举办爱心义诊公益行活动。

此次义诊活动主要是为社区居民提供免费血压测量、把脉、健康咨询、诊断等服务，并对患有高血压、高血脂、腰椎间盘突出、颈椎病、肩周炎、风湿等疾病的人群进行针对治疗。在活动过程中，医生们为前来就诊的居民进行了认真细致的检查，详细询问了他们的日常习惯及身体状况，并对病情做出了专业诊断。此外，医生们还为参加健康体检的居民建立了详细的健康档案，以便后期访问、跟踪治疗。

这次义诊共接待群众 100 余人次，受到社区居民群众的一致好评。今后，杨家湾社区将坚持服务居民的宗旨，结合居民需求，不断加大为民服务的力度，确保义诊活动常态化、制度化，为社区居民提供多样化贴心、优质的服务，让社区大家庭更温暖、更和谐。这次活动不仅提高了居民的健康意识、防病意识、治病意识，还通过体检结果反馈、健康咨询，提高了中老年人对健康的认识，学习了一些维护身体健康的知识，让居民感受到了来自政府和社区的关怀。

（四）杨家湾社区开展心肺复苏培训活动

为了加强社区居民对安全突发事件的认知，提升居民紧急情况下的自救和互救能力，2021 年 4 月 2 日，南昌县八月湖街道杨家湾社区新时代文明实践站邀请南昌大学一附院护理部开展了自救互救宣传及心肺复苏技能的现场演示与培训，社区 20 多位居民参加了此次活动。

培训现场，工作人员为参加活动的居民派发了自救互救知识宣传手册和急救包。护理部的培训人员对判断病人心跳呼吸停止、心肺复苏进行了详细的讲解，并对操作步骤、救助过程中的注意事项、复苏成功的指征等进行了讲授和演示。最后，大家纷纷上场实地操作，你一言我一语地交流意见，遇到的问题由医生逐一进行了解答。

此次培训受到了社区居民的欢迎和支持，让他们掌握了心肺复苏的知识和技巧，提升了居民的自救能力。

三、南昌市青英社区老年人宣传教育活动资料

（一）青英社区开展关爱老年人口腔健康义诊活动

为了普及老年人口腔健康知识，倡导健康生活方式，2020 年 7 月 24 日，青英社区联合辉煌口腔医院开展了关爱老人口腔健康的义诊活动。

活动现场，辉煌口腔医院的医生为每一位前来检查、咨询的居民详细讲解了预防口腔疾病的常识，分析了每个人的病情、病理，指导居民正确防治牙病。医生为大家讲解了龋齿的形成、发展、危害及日常保护牙齿的健康知识，并提醒居民平时要注意养成良好的口腔卫生习惯，要注意膳食平衡，保持牙齿和牙周组织健康，提倡戒烟。

本次活动帮助老年人省去了上医院检查的劳顿，在家门口就能接受专业的检查，受到了老年人的热烈欢迎！

（二）青英社区开展"全面反诈、防诈骗、保安全"老年人防诈骗主题活动

为提高老年人防诈骗的安全意识和防诈骗的处置能力，主动防范花样翻新的新型诈骗手段，切实做好社区居民安全防范教育，保护老年人的合法权益，2020 年 8 月 31 日，青英社区在多功能活动室开展了主题为"全面反诈、防诈骗、保安全"这一老年人防诈骗主题活动。

在现场，社区党支部书记姜某结合真实案例，分别从"金融诈骗手段及特点""个人及家庭理财的那些坑""怎样鉴别及防范""受骗后应当如何处理"四个方面做了深入浅出的讲解。姜书记针对近段时间社区发生的多起案例进行分析，针对当前诈骗分子的新手段，强调防诈骗的方法，并提醒老年人要做到不轻信、不贪财、不上当。

此次活动进一步加强了老年人及其他社区居民的防范意识和自我保护意识，受到了广大居民的一致好评。

（三）青英社区开展老年人养生保健知识讲座

11 月早晚温差较大，容易导致人体免疫与防御功能下降。为增强辖区老年人的保健意识，2020 年 11 月 19 日下午，青英社区在社区会议室举办了老年人养生保健知识讲座，并邀请前万卫生服务中心的刘医师为辖区老年人授课。

讲座现场，刘医师围绕秋季的气候特征，从日常生活饮食、运动、居家生活等方面，详细介绍了秋季常见多发病的特点，对基本健康知识进行讲解，

并重点讲解了老年人应如何预防疾病及学会保健的重要性。刘医生还和老年朋友进行互动，就大家提出的问题深入浅出地分析，耐心细致地解答，大家都觉得受益匪浅。

此次讲座让老年朋友明白了秋季养生保健的重要性，使他们懂得了如何预防各种疾病，活动起到了预期的效果。

四、赣州市和平路社区老年人宣传教育活动资料

（一）和平路社区开展"《民法典》进社区"活动

2020年7月2日，和平路社区邀请法院干部在社区开展"《民法典》进社区"活动，邀请了章贡区法院法官刘某某概述了《民法典》的总体结构、总体内容和《民法典》颁布实施的重要意义，然后她用通俗易懂的语言和具体的案例，参照《民法典》婚姻家庭编、继承编中修改新增的部分法律制度，向社区居民介绍和讲解了关于夫妻共同债务的认定、离婚冷静期制度的建立、代位继承权主体范围及公证遗嘱优先效力的修改、七种遗嘱方式和生效要件等内容，最后刘法官结合自身学习贯彻《民法典》的心得体会与社区党员和群众进行了分享和交流。

为进一步提升对《民法典》的认知度，真正让《民法典》融入百姓生活，更好地保障人民权益，2020年12月25日下午，和平路社区邀请南芳律师事务所罗某某来社区开展《民法典》宣讲活动，向居民宣传《民法典》的编写意义、亮点解读、法律条文等内容。罗律师特别向居民详细讲解了《民法典》中新增加的与居民息息相关的法律条文，用通俗易懂的语言引导居民认识到《民法典》既是保护自身权益的法典，也是全体社会成员必须遵守的规范，养成自觉守法的意识，形成守法、用法的习惯，培养依法解决问题的意识和能力。通俗易懂的讲解模式，让居民清楚地了解了相关知识，现场居民纷纷点赞。

（二）和平路社区开展宪法知识宣传活动

为增强辖区居民的宪法意识，维护《宪法》权威，提升居民知法、懂法、用法的能力，通过合法途径维护自身合法权益，2020年12月3日下午，和平路社区在社区会议室开展《宪法》知识讲座。章贡区法院刘某某首先对《宪法》的基础知识进行了讲解，然后结合生活中的实际情况、真实案例，提醒居民朋友要自觉尊法、守法、用法，当自身利益受到侵犯时，要学会运用法

律武器保护自己。志愿者们还提醒社区老年人，不要因为贪图小利而上当受骗，如不要随便扫码，不要领取"免费"礼物，不要听不正规的讲座购买"保健产品"等。居民听得仔细认真，收获良多。居民赖女士说："现在科技进步了，骗子手段也越来越高级了，真是防不胜防，听了这堂课，正好给我们老年人提个醒，免得上当!"会后，和平路社区工作人员为小区居民发放了《宪法宣传册》。大家纷纷表示，要认真学习宪法内容，增强法律意识，恪守原则，做一个遵纪守法的好公民!

（三）和平路社区开展老年人心理健康讲座

2020年12月24日，和平路社区"一社区一队"心理师曾老师来社区开展心理健康讲座，主要讲授如何对待压力。

（1）努力要与自己能力相匹配。不管你是否有能力，没有努力过程，都会感到空虚和无力。

（2）要自信。你要相信你可以成为一个优秀的人，你要相信你可以克服一切困难。

（3）不要自责。有责任心是好事，但过大的责任心会压得人喘不过气来，往往会适得其反。

（4）锻炼身体。锻炼对人的回馈是最显而易见的。锻炼可以减压，但重要的是，锻炼提高人的生理机能。

（5）要乐观、积极。当你意志消沉的时候，很多微小的压力一下子会聚集到心头。

现场居民都觉得这次课堂很有效，收获了很实用的减压方法。

（四）和平路社区开展防范非法集资宣传活动

为提升辖区居民防范非法集资的能力，引导社区广大群众远离非法集资、自觉抵制非法集资，2021年1月9日，和平路社区积极开展了防范和打击非法集资集中宣传活动。活动通过组织居民学习相关知识、悬挂横幅、发放宣传单、宣讲等形式，向居民介绍了非法集资的特征、主要手段和特点，引导广大居民深刻认识了非法集资的社会危害性。活动中社区干部向居民讲解了非法集资的危害，呼吁居民远离非法集资，并号召大家积极参与防范和打击非法集资的行动，识破非法集资组织者的险恶用心，坚决不参与非法集资，如发现非法集资行为要及时向政府管理部门举报（0797-8391×××），共同维护社会的稳定、和谐。此次宣传活动增强了社区居民的风险意识和辨别能力，扩大了打击非法集资犯罪行为的宣传面和影响力，向社会公众提示风险，引导群众自觉远离非法集资。

（五）和平路社区开展"打击电信网络诈骗，共建和谐美好社会"活动

刷单诈骗、网贷诈骗、电信诈骗等案件不时发生。为普及防范电信网络诈骗犯罪常识，最大限度减少电信网络诈骗案的发生，2021年1月22日，和平路社区在辖区健康路2号开展"打击电信网络诈骗，共建和谐美好生活"宣传活动。活动中，社区干部与辖区民警、"一社区一队"队员通过发放防诈骗宣传资料、悬挂横幅、建立反诈群等形式，面对面向居民群众讲解电信诈骗常见的种类、近期国内和兴国本地发生的电信、网络诈骗违法犯罪案例和电信网络诈骗犯罪分子的惯用手法、作案方式、特点以及识别、防范的方法。积极引导群众切勿贪图便宜，因小失大，接到"冒充公检法、机票改签、贷款需先交纳保证金"之类的电话、短信后，一定要多思考多咨询，切记"天上不会掉馅饼"，防止上当受骗。此次宣传活动发放传单共计200余份，有效提高了辖区群众尤其是老年人的识骗意识和防骗能力，为辖区营造了安全、稳定、良好的生活氛围，也进一步提醒居民要树立反诈骗意识，提高了群众对诈骗行为的识别和防范能力，为维护好自身的合法权益提供了保障。

（六）和平路社区开展平安建设主题宣传活动

为了更好地宣传社会治安综合治理，营造浓厚工作氛围，进一步推进和谐平安社区建设，2021年3月18日下午3点，和平路社区联合章贡区人民法院等志愿者在奥林匹克广场开展综治宣传月宣传活动。本次活动以全民反电诈文娱巡演为主要形式。社区艺术团自编自演的快板《提高警惕防诈骗》、鼓书说唱《章贡大妈巡城记》、小品《诈骗公司》、音乐快板《反诈骗》、情景快板《小心毛子，别上当》等节目紧扣"反诈"主题，通过通俗易懂的语言，让观众在观看文艺节目中对反诈防骗知识有了更深刻的认识。现场气氛活跃，节目精彩纷呈。社区配合摆台宣传，向居民群众发放反电诈、禁毒、防范非法集资等宣传单。此次宣传向居民群众展示了社区平安建设的决心与成果，有效提高了居民群众的安全感和满意度。

（七）和平路社区开展国家安全教育日宣传活动

国家安全是安邦定国的重要基石，维护国家安全是全国各族人民根本利益所在。为提高辖区居民的安全意识，根据街道统一部署和要求，结合社区实际情况，2021 年 4 月 13 日下午 3 点半，和平路社区组织辖区居民在社区开展国家安全教育日学习。此次宣传活动采用普法教育、发放宣传页等形式，为社区居民阐释细则、宣传国家安全法律法规，号召广大居民积极与一切危害国家安全的行为作斗争。为配合统一宣传，社区还组织志愿者到辖区发放宣传单，宣传国家安全重点法律法规，旨在增强市民对国家安全、反间谍、反恐怖主义法律的了解，强化公众维护国家安全和社会稳定的意识。

（八）和平路社区开展如何识破电信网络诈骗活动

2021 年 4 月 15 日，和平路社区开展心防活动——如何识破电信网络诈骗。很多犯罪分子利用人们喜欢贪小便宜的心理进行诈骗，例如谎称中奖、可以领取补助、可以办理退税、扫码享受折扣等，骗取被害人财产。还有些犯罪分子会制作钓鱼网站，根据用户之前的搜索记录推送内容，价格往往也比正规网站便宜很多，而一旦用户相信并下单购买，就会陷入骗局。网上购物也好，购票也罢，还是尽量选择知名度高的正规网站购买。因此，要想预防诈骗，还要从自身做起，天上不会掉馅饼，莫因为贪图小便宜而让诈骗分子的诡计得逞。

五、赣州市平川社区老年人宣传教育活动资料

为响应党的"科普宣传进社区"的号召，县老科协教育专委会与平川社区合作，自 2013 年起把平川社区作为科普宣传进社区的宣传示范基地。2013~2020 年间，这项工作得到了平川社区党政领导的大力支持。党员、群众的积极参与使基地的宣讲活动搞得有声有色，得到了广大群众的热烈欢迎和好评。为了把这个科普基地办得更好，社区做到了"三定"，即定时间、定人员、定内容，没有落空一次。在内容上，平川社区也紧跟形势，不断提高宣讲质量，例如在宣传党的方针政策方面，宣传了"十九大精神""浅谈抗美援朝精神"；在弘扬红色文化、进行革命传统教育方面，宣讲了《一个老红军的初心》《弘扬红色文化，保持吃苦精神，当好革命接班人》《浅谈社会主义核心价值观》；在传播古典文化方面，作了《对联知识讲座》；在抗击疫情方面，带头捐资支持抗疫，宣讲了《戴口罩并不是一件不光彩的事》；在提高健康水平和卫生知识方面，宣讲了《饮食卫生与健康》《我的五自生活》《心态好是

健康长寿的秘诀》《烦恼是自己找的》《浅谈平衡养生法》《预防比治疗更重要》等；在培育好心态方面，教唱了革命歌曲，教跳了广场舞，与社区群众大联欢等。同时，宣讲活动还与社区党群的工作密切结合起来，调动了广大群众的积极性，每次到会人数都在40人以上，整个讲堂都挤得满满的。社区居民希望这样的宣讲活动一直坚持下去，让广大群众有更多的获得感和幸福感。主要宣讲活动如下。

（1）2013年，王某某《珍惜自己，保持心身健康》；钟某某《谈吃得下，睡得香，笑得开》《让老年人科学健身之风在社区劲吹》。

（2）2014年，王某某《心理年轻，健康长寿》；钟某某《浅谈社会主义核心价值观》；张某某《对联知识讲座》。

（3）2015年，王某某《心态好是健康的金钥匙》；钟某某《健康饮食的点滴知识》。为纪念抗日战争胜利70周年，教唱《大刀进行曲》《歌唱祖国》。

（4）2016年，王某某《健康养生珍惜自己》；钟某某《运动与健康》《科普宣传进社区》。

（5）2017年，王某某《浅谈平衡养生法》《老年人的健康高于一切》；钟某某《寿命长短的加减法》，张某某主持平川社区为庆祝党的十九大召开的联欢会。

（6）2018年，王某某《宣讲十九大精神》《八分生活学》；钟某某《心态好是健康长寿的秘诀》《预防比治疗更重要》《聆听习主席在十九大报告后的感想》。

（7）2019年，王某某《烦恼是自己找的》；钟某某《自我按摩促健康》。

（8）2020年，王某某《我的五自生活》；钟某某《饮食卫生与健康》《戴口罩并不是一件不光彩的事》；张某某《一个老党员的初心》。

（9）2021年，王某某《弘扬抗美援朝精神》；钟某某《传播红色文化，弘扬吃苦精神，做革命事业接班人》。

六、赣州市中山社区老年人宣传教育活动资料

（一）龙南镇卫生院开展"中医药文化进社区"健康教育咨询活动总结

龙南镇卫生院组织医务人员到龙南镇中山社区开展中医药文化知识宣传，举行中医药义诊，宣讲中医药知识、中医药饮食、起居、情志调摄、运动锻

炼等养生保健知识。

现场共接到咨询 50 余人次，发放宣传资料 100 余份。通过开展中医药文化进社区活动，促使广大群众养成良好的健康生活习惯，增强广大群众在中医药利用方面的获得感，形成"信中医，爱中医，用中医"的浓厚氛围，共同发展中医药良好格局，增强了居民的自我保健意识，深受广大群众的欢迎。

（二）二型糖尿病的预防保健健康教育知识讲座总结

随着人们物质生活水平的提高，糖尿病等慢性疾病成为危害人们健康的因素，糖尿病的科普知识及日常生活保健与我们越来越密切。糖尿病典型症状为"三多一少"，即多饮、多尿、多食、消瘦。相当一部分患者的症状并不明显，因此患糖尿病时浑然不知，直到体检或因其他疾病就诊时才发现，耽误了治疗时间。

为了提高老人们的健康意识，增进老年人对糖尿病相关知识的了解，提倡健康生活，社区组织了"糖尿病的预防保健"健康知识讲座。医务人员特别向糖尿病患者提出了五点注意事项：一是定期进行体检，测定血糖；二是坚持用药，不能断断续续；三是日常生活中要注意饮食，养成良好的饮食习惯；四是多做运动，保持新陈代谢畅通；五是一定要在医生指导下更改糖尿病药物的剂量，不能任意加大或减少剂量，严防低血糖或者高渗性昏迷、糖尿病酮症酸中毒等。

开展糖尿病健康知识讲座，有助于向老年人普及糖尿病预防知识，起到了早预防、早治疗的作用。糖尿病患者听了此次讲座后表示有很大帮助。

第四节　敬老、爱老、助老典型宣传材料

一、南昌市青英社区开展 2020 年敬老、爱老、助老评选表彰活动

为表彰先进，激励和动员全社会进一步重视、支持和参与为老服务，营造敬老、爱老、助老的社会氛围，青英社区经过多重评选，于 2020 年 12 月 6 日开展"2020 年度敬老爱老助老评选表彰"活动。

会上，社区主任姜某代表社区讲话，为老年朋友送上节日的祝福。张某宣读了东晓社区《关于青英社区 2020 年表彰孝老爱亲道德模范的决定》，通过前期小组推选、社区评议，产生了"好婆婆、好媳妇""助人为乐""爱岗敬业"道德模范共 45 名，对他们予以表彰，旨在树立榜样、倡导新风，鼓励大家尊老、敬老、爱老、助老。

社区通过此类活动不断提升老年人的生活质量，推进老龄事业持续、健康发展，营造出尊老、敬老、爱老助老的良好社会氛围。

二、赣州市和平路社区敬老、爱老、助老典型宣传材料

（一）典型代表一

章贡区和平路社区居民王某用实际行动践行孝道，很好地诠释了一个媳妇博爱、仁慈、善良的美丽形象。

在和平路社区，说起"照顾八旬老人"故事，无人不知，无人不晓。如今，年满 92 岁高龄的曾某某老人，正享受着儿子、儿媳妇、孙女带来的天伦之乐。这个其乐融融的家庭引来了街坊邻居羡慕的目光，得到了社会各界的敬重。王某就是这个和谐家庭的杰出代表。常言道："久病床前无孝子"，但现年 59 岁的王某却用自己的行动否定了这一说法。20 多年来，她照顾因脑梗塞而生活无法自理的家婆，成为亲戚、邻居眼中的好媳妇。"那时家婆退休费只有 700 多元，丈夫和自己的工资加起来只有 1200 元，没其他收入，除了要担负家婆去医院检查的费用，还要买药，给女儿买奶粉，经济压力十分的大。"王某说，为了省钱，她就自己做布垫子代替纸尿裤，这样经济卫生，但劳动量大，每天得洗很多布垫子。家婆瘫痪在床后，老年痴呆很严重，每天夜里王某都要调好闹钟起来几次照看家婆，一大早又为家婆擦洗身子，换干净衣服，再为一家人准备早饭（那时家婆已患有脑梗塞，手脚不灵便，已经跟王某在一起吃，住房则是同一个单元楼上楼下）。那时候，家婆白天睡觉，晚上躺在床上胡言乱语吵闹，孩子体质不好，三天两头要打点滴，王某夫妇白天还要上班，幸亏夫妻俩互相理解、支持，共同分担家庭责任，合理安排家务，才能把老人照顾好、孩子养育好。家婆因长期卧床，小便失禁，大便无法正常排出，王某想了各种办法：灌肠、塞药、喝蜜糖水，但最终还得用手去掏。因为既要扶老人康复训练，又要为老人按摩，更要清理、清洗，晚

上要起身照料，得不到好的休息，年近不惑的王某身体吃不消。她也曾经联系过托老所，但托老所的工作人员说，放这儿可以，但我们无法保证达到你那样的照料水平，毕竟我们这儿一个护理员要照顾多个人，不是一对一。她听了，没办法，只得自己扛。为了照顾好老人，王某买了一些有关老年人保健的书籍，尽可能多地学习老年人的保健知识和养生之道，精心安排饮食起居，调剂饭菜品种，荤素搭配，想方设法变换口味，让家婆增加食欲，使老人吃得可口。为了老人早餐能喝上新鲜豆浆，她买了豆浆机，不仅用黄豆，还要放一些核桃仁、花生米。她说，这样打出来的豆浆才有营养。为了减少家婆夜间起夜的次数，王某总是陪伴家婆到晚上 11 时，待家婆入睡后才休息。不论家婆何时翻身，她都会起床，看看家婆的被子是否盖严，是否要起夜。

这 20 多年，王某人生中美好的时光除了做好工作之外，其余时间基本奉献给了父母和家婆。王某说："前几年，我们的日子过得很清苦，可这几年，我们的工资也涨了不少，我们的生活好了很多。可还是抽不出时间一家人好好出去玩一次，每次看到别人一家三口其乐融融地逛街，我就很羡慕。"

王某的行为，不仅在亲戚、朋友中口口相传，也让街坊邻居赞不绝口。邻居罗阿姨说："她对父母、公婆是没话说的，好人有好报，我路过她家门口，经常进去坐坐，常看到王某要不在喂饭，要不就在给家婆洗脚，要不就在阳台背着她家婆走步，她家婆右半身瘫痪，有时整个人伏在她身上。我经常看到她满身是汗。"隔壁的王先生说："一个人做一两件好事简单，难的是做一辈子的好事；一个人照顾老人一天两天行，难的是照顾那么多年。真是个好女儿、好儿媳，端水喂饭不嫌麻烦，伺候老人拉屎撒尿也没有怨言，坚持了 20 多年太不容易了。真是世上难找的好媳妇呀！"王某几十年如一日精心服侍九旬老人的事迹，在社区群众中传为佳话，她用自己的孝心演绎了感人至深的人间真情，了解她的人无不对她竖起大拇指。王某充分体现了中华民族尊老、爱老、敬老的传统美德。

（二）典型代表二

李某某，女，章贡区和平路社区居民，家庭和睦，邻里团结。她和丈夫金先生多年来夫妻和睦，也特别团结友善，是镇里有口皆碑的"模范家庭"。生活当中，每当发生摩擦，他们都能设身处地地换位思考，从而较好地解决问题。妻子既是丈夫事业的好帮手，又是家庭主妇，把家庭每人照顾得细致入微。长期以来，她全力支持丈夫的事业，侍奉老人，教导孩子，料理家务，受到邻里的高度赞扬。夫妇两人十分注重言传身教，以德育人，每年特定时候，李某某夫妇都会带着孩子来到敬老院探望老人，跟老人闲谈家常，送上礼品和慰问金，让孩子在为老人家送温暖、献爱心的过程中，传承中华民族尊老、敬老的传统美德。虽然这些都是平凡的小事，但就像催化剂使他们的感情日益融洽，家庭和睦、快乐。在这个家庭里，虽然他们的性格、文化、志趣等不同，但是却很少出现矛盾，大家互相体谅、尊老爱幼、民主平等、宽容谦让，形成了互相理解、尊重的文明家风。真心待人是他们全家的处事态度，邻居们有些事情做不了或需要帮忙，他们都热心帮助。他们一家人都希望通过自己的微薄之力为那些需要帮助的邻居解一些燃眉之急，他们用实际行动为和谐社会的创建贡献自己的一份力量。

人们常说"家和万事兴"，家和出凝聚力，出亲和力。困苦时，家和出亲情；悲伤时，家和出慰藉；重压时，家和出力量；沮丧时，家和出坚强。家是甜蜜，是温馨和浪漫，更是人生旅途的驿站。愿每一天都增加一个"最美家庭"，使人与人之间相处得更加和谐。

三、赣州市杨梅村敬老、爱老、助老典型宣传材料

继公公和丈夫去世之后，叶某某一个人承担起家庭的重担，多年默默付出，得到村民们对她的一致好评，成为了杨梅村的"好媳妇""好弟媳"。

在赣州经开区有这样一位老人，他叫刘某某，已年过半百，本该颐养天年，无奈天生患有智力和听力障碍。由于身体残疾、生活无法自理，至今未能娶妻，更是少了份儿女绕膝的快乐，但他并不孤单。作为弟媳妇的叶某某，从年轻时嫁入刘家当儿媳妇开始，一直帮着公婆照顾丈夫的残障哥哥，用自己勤劳的双手操持家务。

继叶某某公公去世后，噩耗不断，丈夫又被确诊肝癌，辗转医治，最终于2014年撒手人寰，只剩下叶某某带着年幼的儿子生活。因病致贫加上家人的相继离世，让原本贫困的家庭雪上加霜，但如此沉重的打击并未压垮母子二人。

叶某某倔强着不愿向命运低头，咬牙坚持，一边抚养孩子、服侍婆婆，另一边一如既往地照顾丈夫的哥哥，不离不弃，毫无怨言。她用多年无悔的

行动、无私的奉献践行着对这个家的承诺，诠释了"不嫌弃、不放弃"的家庭责任感！再脏再累也从未有过弃之不顾的念头！

所有的一切，村民们都看在眼里，心疼她的邻里阿婆曾多次劝说叶某某趁早再找个好人家改嫁，不用像现在这样受苦受累。但她却不为所动，为了不辜负公公和丈夫的临终嘱托，视丈夫的哥哥为亲哥哥，她说："只要我有一口吃的，就有他吃的。"

"身为刘家的一分子，就要为刘家尽一份力！"这种信念给予叶某某莫大的勇气和力量，肩负起家庭责任的重担，支撑着她一路走来。

就这样叶某某成了杨梅村村民口中的"好媳妇""好弟媳"，获得了"最美媳妇"的赞誉！

身患残疾的刘某某老人是不幸的，但遇到叶某某这样的好弟媳又是幸运的。

第五节　纳入"敬老、爱老、助老"内容的村规民约

一、南昌市前进徐黄社区村规民约

为人不可忘根本，村规民约记在心。
要是父母都健在，寒暄问暖讲孝心。
尊老敬老孝成风，扶残助弱献爱心。
爱国爱家情常在，报效祖国是忠心。
崇德向善好村风，传承文化应热心。
邻里矛盾是常事，你谦我让好合心。
男女平等爱老幼，和谐家庭会安心。
切莫赌气把嘴吵，轻言细语见真心。
十年寒窗勤读书，不忘家乡记初心。
莫欺莫骗好做人，在外谋生拿诚心。
烟花爆竹不能放，秸秆禁烧不轻心。

自家门前搞干净，垃圾分类要细心。

环境要是都出力，安居乐业定舒心。

铺张浪费应鄙弃，移风易俗下决心。

星级文明促风尚，诚信指数是准心。

幸福家园共建设，回报故里赤子心。

乡村振兴正当时，美丽徐黄有信心。

二、赣州市杨梅村村民公约

杨梅村，是宝地；将你我，来养育；爱国家，爱集体；跟党走，志不移；

多学习，守法律；公家物，要爱惜；讲文明，行礼义；宽待人，严律己；

务正业，谋生计；勤劳作，同富裕；公益事，多出力；好青年，服兵役；

办喜事，立新意；丧事简，弃旧俗；倡节约，勤为俭；请光盘，新风尚；

敬老人，合作理；对儿童，重教育；邻里间，有情谊；互帮助，如兄弟；

讲卫生，好习气；倒垃圾，不随意；讲防范，惩犯罪；共同抓，才稳定；

此条约，大家立；执行好，都受益。

三、赣州市沙河镇五龙村文明村民公约

热爱祖国	热爱五龙	邻里和睦	维护安全
科学消费	理性消费	勤俭节约	爱岗敬业
遵纪守法	维护秩序	见义勇为	弘扬正气
美化村容	讲究卫生	绿化五龙	保护环境
关心集体	爱护公物	热心公益	维护荣誉
崇尚科学	重教尊师	自强不息	提高素质
尊老爱幼	拥军爱民	尊重妇女	助残济困
移风易俗	健康生活	计划生育	责无旁贷
举止文明	礼待宾客	胸襟大度	助人为乐

四、赣州市新路村敬老、爱老村民公约

为加快社会主义新农村建设，营造村容整洁、爱村爱家、乡风文明的社会主义新风尚，特制定本村规民约，共同遵守执行。

(一) 人口管理

遵守国家户籍管理规定，出生、死亡要及时申报和注销。外地人员在本村居住的，应服从村领导，听从管理，自觉遵守本村规民约并办理暂住手续，及时交纳卫生费。

(二) 计划生育

自觉遵守计划生育政策，提倡晚婚晚育。

(三) 社会治安管理

全年开展治安巡逻及监督检查，防范各类事故的发生，发现偷盗、拐骗、销赃等行为的可疑分子和陌生人，应及时报告村小组和村委会治保小组有关人员，外来驻村人员应主动配合村治安管理人员的检查。

(四) 严禁赌博

提倡积极向上、文明健康的文化娱乐活动，反对以任何形式赌博和变相赌博。

(五) 卫生管理

保护环境卫生，人人有责，家庭生活垃圾统一收集倒入垃圾坑，生活污水排入地下污水管道，公共场所及道路上不得随便乱丢瓜皮、果壳、塑料袋等一切垃圾。

(六) 绿化管理

爱护花草树木是我们每个村民的应尽职责。村内所有的行道树、绿化带、花圃、草皮等不得随意攀折、采摘和践踏，家长应管好各自的小孩，不要有损害绿化的行为。

(七) 邻里相亲

提倡尊老爱幼、邻里相亲、互相尊重，外威不纵容，上门不欺客，发生矛盾纠纷时，应冷静对待，及时报告村调解干部或上级机关，依情、依理、依法妥善解决，把矛盾降到最低程度。

建设社会主义新农村要靠大家共同维护，和谐社会需要大家和谐相处、相互理解，全体村民要传承团结齐心的精神，以热爱村为荣。

五、赣州市白石村村规民约

为了推进我村民主法制建设，维护社会稳定，树立良好的民风、村风，创造安居乐业的社会环境，促进经济发展，建设文明卫生新农村，经全体村民讨论通过，制定本村规民约。

（一）社会治安

（1）每个村民都要学法、知法、守法，自觉维护法律尊严，积极同一切违法犯罪行为作斗争。

（2）村民之间应团结友爱，和睦相处，不打架斗殴，不酗酒滋事，严禁侮辱、诽谤他人，严禁造谣惑众、搬弄是非。

（3）自觉维护社会秩序和公共安全，不扰乱公共秩序，不阻碍公务人员执行公务。

（4）严禁偷盗、敲诈、哄抢国家、集体、个人财物，严禁赌博，严禁替罪犯藏匿赃物。

（5）严禁非法生产、运输、储存和买卖爆炸物品；经销烟火、爆竹等易燃易爆物品须经公安机关等有关部门批准。不得私藏枪支弹药，拾得枪支弹药、爆炸物品，要及时上交公安机关。

（6）爱护公共财产，不得损坏水利、道路交通、供电、通信、生产等公共设施。

（7）严禁非法限制他人人身自由或非法侵占他人住宅，不准隐匿、毁弃、私拆他人邮件。

（8）严禁私自砍伐国家、集体或他人的林木，严禁损害他人庄稼、瓜果及其他农作物，加强牲畜看管，严禁放养猪、牛、羊。

对违反上述社会治安条款者，触犯法律法规的，报送司法机关处理。尚未触犯刑律和治安处罚条例的，由村委会批评教育，责令改正。

（二）消防安全

（1）加强野外用火管理，严防山火发生。

（2）家庭用火做到人离火灭，严禁将易燃易爆物品存放户内、村内，定期检查、排除各种火灾隐患。

（3）加强村寨防火设施建设，定期检查消防池、消防水管和消防栓，保证消防用水正常。

（4）对村内、户内电线要定期检查，损坏的要请电工及时修理、更换，严禁乱拉乱接电线。

（5）加强村民尤其是青少年儿童安全用火用电知识宣传教育。提高全体村民消防安全知识水平和意识。

（三）村风民俗

（1）提倡社会主义精神文明，移风易俗，反对封建迷信及其他不文明行为，树立良好的民风、村风。

（2）红白喜事由红白喜事理事会管理，喜事新办，丧事从简，破除陈规旧俗，反对铺张浪费，反对大操大办。

（3）不请神弄鬼或装神弄鬼，不搞封建迷信活动，不听、不看、不传淫秽书刊音像，不参加邪教组织。

（4）建立正常的人际关系，不搞宗派活动，反对家族主义。

（5）积极开展文明卫生村建设，搞好公共卫生，加强村容村貌整治，严禁随地乱倒乱堆垃圾、移物，修房盖屋余下的垃圾碎片应及时清理，柴草、粪土应定点堆放。

（6）建房应服从村庄建设规划，经村委会和上级有关部门批准，统一安排，不得擅自动工，不得违反规划或损害四邻利益。

违反上述规定的给予批评教育，出具检讨书，情节严重的交上级有关部门处理。

（四）邻里关系

（1）村民之间要互尊、互爱、互助，和睦相处，建立良好的邻里关系。

（2）在生产、生活、社会交往过程中，应遵循平等自愿、互惠互利的原则，发扬社会主义新风尚。

（3）邻里纠纷，应本着团结友爱的原则平等协商，协商不成的可申请村调解委调解，也可依法向人民法院起诉，树立依法维权意识，不得以牙还牙，以暴制暴。

（五）婚姻家庭

（1）遵守婚姻自由、男女平等、一夫一妻、尊老爱幼的原则，建立团结和睦的家庭关系。

（2）自觉遵守计划生育法律、法规、政策，实行计划生育，提倡优生优育，严禁无计划生育或超生。

（3）夫妻地位平等，共同承担家务劳动，共同管理家庭财产，反对家庭暴力。

（4）父母应尽抚养、教育未成年子女的义务，禁止歧视、虐待、遗弃女婴，破除生男才能传宗接代的陋习。子女应尽赡养老人的义务，不得歧视、虐待老人。

六、抚州市三都村黄氏家训

敦孝悌：孝悌为百行之首。凡为人子为人弟者当尽孝悌之道，不可忍灭天性。兹惟望吾族子孙，宜敦孝悌于一家。

睦宗族：宗族为万年所同，虽支分派别，则源同一脉，不可相视为秦越，兹惟吾族务宜教一本之谊，共成亲亲之道。

和乡邻：乡邻为同井之居，凡出入相友，守望相助，切不可相残相斗，务宜视异姓如同骨肉之亲。

明礼让：礼让为持己处世之道，非徒拜跪坐揖之文，必使亢戾不萌，骄泰不作，庶成谦谦逊顺之风。

务本业：士农工商，各有其业。古人云，业精于勤，而荒于嬉，惟务其业者，乃得自食其力，可见食其力者，敢不专其事乎！

端士品：士为四民之首，隆其名正，以贵其实也，故宜居仁由义，已成明体远用之学。若使偷闲，不惟士进无由，且士类有玷。

隆师道：师道为教化之本，隆师重道，正以崇其教也，若不尊崇，不惟教化不行，而且有亵渎之嫌，何得漫言传道？

修坟墓：坟墓所以藏先人之魂骸，每年宜诣坟祭扫，剪其荆榛，去其圾秽，以安祖灵，切莫挖掘抛露，致使祖宗之怨恫。

戒犯讳：同源苗裔，每派宜择定一字为名。凡属五服内嗣孙，不得犯父兄伯叔之名，即上祖之名字，亦当共避之。

戒争讼：争讼非立身之道。凡争必有失，讼则终凶，宜以忍让处之为尚，勿致有继情绝义之路，倾家荡产之悔。

戒非为：非为非人生可作为之事。凡所行者，必要光明正大，天理良心，切勿贪财设计，贪色行奸，宜见利必然思义。

戒犯上：自古尊卑，上下各分昭然，不得以卑凌尊，以下犯上，宜徐行后长，勿致有奸犯在上之失。

戒异端：异端乃非圣人之道，所作乃无父无君之事也，愿吾族宗盟，若闻邪术妖言，宜必远之，勿致其害累矣。

畏法律：法律者，朝廷之律例也。凡人若犯王法之章，不怕尔心如钢如铁，至其间必有熔化之刑矣，宜必畏之免之。

戒轻谱：家谱之修所以叙一本也。谱编成铁，乃一家之室，务宜同为珍重，以便考查世系，切勿抛弃，以亵祖宗也，宜共澶也。

七、抚州市上凡村村规民约

为了推进我村民主法治建设及美丽乡村建设，维护社会稳定，促进经济发展，规范和引导村民清洁乡村卫生行为，改善村容村貌，树立良好的民风、村风，创造安居乐业的社会环境，经全体村民代表讨论通过，制定本村规民约。

（一）社会治安

（1）村民要学法、知法、守法，自觉维护法律尊严，积极同一切违法犯罪行为作斗争。

（2）村民之间应团结友爱，和睦相处，不打架斗殴，不酗酒滋事，严禁侮辱、诽谤他人，严禁造谣惑众、搬弄是非。

（3）自觉维护社会秩序和公共安全，不扰乱公共秩序，不阻碍公务人员执行公务。

（4）严禁偷盗、侵占国家、集体、个人财物，严禁赌博。

（5）禁燃禁放烟花爆竹，做文明村民。

（6）爱护公共财产，不得损坏水利、道路交通、供电、通信、生产等公共设施。

（7）严禁私自砍伐国家、集体或他人的林木，严禁损害他人庄稼、瓜果及其他农作物，加强牲畜看管，严禁放养鸡、鸭、鹅。

（8）严禁在瓜果、蔬菜等农作物生产中使用对身体有害的化学药剂；严禁销售病、毒死牲畜、家禽，做到无害化处理；严禁打鸟、打猎、电鱼、药鱼。

（二）消防安全

（1）杜绝一切野外用火，严防山火发生。

（2）家庭用火做到人离火灭，严禁将易燃易爆物品堆放户内、村内，定期检查、排除各种火灾隐患。

（3）对户内电线要定期检查，损坏的要请电工及时修理、更新，严禁乱拉乱接电线，确有实际需求，需先向村"两委"报告，审批通过才可进行。

（三）美丽乡村

（1）村保洁员须遵守劳动纪律，按时打扫卫生。每天须对村道路、儿童乐园道、木栈道、巷道、广场、戏台等公共区域进行打扫，分类处理、焚烧垃圾。

（2）村民门前"三包"制度。一是"包卫生"，即房前屋后地面干净整洁，无污水、垃圾、果壳、纸屑等杂物；垃圾实行定点投放。二是"包清运"，即及时清运房前屋后的垃圾堆、土堆、粪堆，确保房前屋后无垃圾杂物等。三是"包秩序"，即房前屋后的柴堆、建筑物料要摆放整齐，不得占道；房前屋后的花草树木要加强管护；房前屋后无乱搭乱建、乱拉乱挂、乱贴乱画等现象。

（3）服从乡村建房规划，不扩占，不起高；拆旧翻新、新建住房，须经政府、村委批准，统一安排，不准擅自动工，不得损害整体规划和四邻利益。

（四）村风民俗

（1）提倡社会主义精神文明，移风易俗，反对封建迷信及其他不文明行为，树立良好的民风、村风。

（2）提倡丧事简办、厚养薄葬，推行绿色殡葬、文明治丧；喜事新办，丧事从简。禁止相互攀比，提倡量力而行，红白喜事应破除陈规旧俗，不铺张浪费、不大操大办，每桌标准不超过 500 元（含烟酒），宴请亲戚人数不超过 10 桌（同族在外），红喜事随礼标准不超过 120 元/人，白事不超过 101 元/人。

（3）不请神弄鬼或装神弄鬼，不搞封建迷信活动，不听、看、传淫秽书刊、音像，不参加非法组织和邪教活动。

（4）定期评定道德红黑榜，推进道德建设常态化、制度化，积极推行落实道德"红黑榜"评议活动，以晒道德"红黑榜"为抓手推进移风易俗进乡村，创新教育引导和道德惩戒模式，借助社会舆论的影响鞭策陈规陋习、弘扬社会正能量，引领社会新风尚。

（五）邻里关系

（1）村民之间相互尊重，相互理解，相互帮助，和睦相处，建立良好的乡邻关系，建立健全调解组织，坚持以防为主、调防结合方针。

（2）邻里纠纷应本着团结友爱的原则平等协商解决，协商不成的可申请村委调解，村委调解不成的可依法向乡级司法部门调解，最后可依法向人民法院起诉，不得以牙还牙、以暴制暴。

（六）婚姻家庭

（1）遵守婚姻自由、男女平等、一夫一妻原则，夫妻共同承担家务劳动及家庭财产管理，反对家庭暴力，建立团结和睦的家庭关系。

（2）实行计划生育，提倡优生优育。父母应尽抚养、教育未成年子女的义务，禁止歧视、虐待、遗弃子女；子女应尽赡养老人的义务，不得歧视、虐待老人。

对违反上述社会治安条款者，触犯法律法规的，报送司法机关处理。尚未触犯刑律和治安处罚条例的，由村委会批评教育，责令改正。

第六节　特色亮点工作或活动材料

一、《南昌市菁英社区老龄工作制度》内容

（1）社区领导要重视老龄工作，把老龄工作纳入推进社区建设和构建和谐社会活动之中，定期研究老龄工作，并为老龄工作和活动提供组织保证。

（2）社区老年协会在社区党总支和居委会的领导下，经常组织社区老年人开展文体活动，让老年人老有所乐。

（3）重视老年人的思想政治工作和文体活动，为老年人提供场所，建立老年活动室、老年学校等。

（4）开展"为特困老年人送温暖、献爱心活动"，对社区空巢、贫困等特殊老年群体，根据不同需要落实帮扶措施。了解辖区老年人具体情况，对百岁老人进行跟踪服务。

（5）协调医疗卫生机构，定期开展老年人体检和保健咨询活动。

（6）充分发挥老年人"老有所为"的作用，成立老年人志愿者服务队，常年参加社区建设，积极开展为老服务。

（7）大力宣传尊老、敬老、助老和老有所为的先进典型，维护老年人的合法权益，营造尊老、敬老氛围。

（8）建立老龄人口、老龄工作、老年人活动、老年人基本情况等基础情况电子文档或簿册。

二、《南昌市青英社区老龄协会工作制度》内容

（1）社区老龄工作协会坚持以"自我管理、自我服务"为宗旨，积极宣传、贯彻《中华人民共和国老年人权益保障法》，依法保护老年人的人身、财产、居住、婚姻、受教育、参与社会发展等权利，配合执法部门严惩严重侵害老年人权益的不法行为，对有关老年人的纠纷案件及时查处。

（2）组织有专长的老年人，积极加入社区关心下一代工作小组，切实发挥老年人的优势，更好地为青少年服务。

（3）掌握和了解本社区老年人的基本情况，对各个年龄阶段的老年人进行分层次管理。

（4）增强老龄意识。树立尊重、关心、帮助老年人的社会风尚。组织社区志愿者开展为老服务活动，开展尊老、敬老、文明家庭评比表彰活动。

（5）积极创造条件开办老年人活动场所，组织老年人开展各种适合老年人的教育、文化娱乐、体育活动。

（6）发挥老年人的技术专长和才智，组织老年人参加社会公益和综合服务活动，发挥他们在社会主义物质文明和精神文明建设中的作用。鼓励老年人之间相互帮助。

三、赣州市和平路社区特色活动

（一）创建"和我说"茶聊室，维护老年人心理健康

当前社会发展很快，大家在享受物质发展的同时，精神上面临着不小的压力，引发的各类心理问题不容忽视。老年人作为社会特殊人群，是心理问题高发群体，社区对老年人的心理问题关注度有待加强。为此，和平路社区

创建了"和我说"茶聊室，让小小茶聊室成为党组织联系群众、倾听群众、疏导群众的平台，同时也成为民情的收集站、民众心理健康的监测站和服务站。

刘某，女，73岁，住生佛坛前11号，家庭主妇，年老力衰，言语表述不是很清晰，三个女儿陪伴咨询。刘某自己描述心痛、后背痛，感觉没有力气。女儿陈述，父亲健在，家里三个女儿、一个儿子，母亲主要是与弟弟、弟媳一家住在一起。大家对她都很好，但她还要求女儿每天24小时陪伴身边。近一周母亲和家人吵架两次，都是因为一些鸡毛蒜皮的小事。通过交谈了解，刘某一直是家庭主妇，没有什么兴趣爱好，原来为人宽容，现在总和老伴闹矛盾。老伴前年生病，刘某开始照顾他，子女轮流去看望。年轻的时候老伴会让着她，但现在老伴有轻微老年痴呆，有点健忘，并且耳聋、性子急，因病无法让着她。同时因为老伴生病，子女将更多的注意力放在父亲身上，刘某得到的关注较少，没有安全感，于是总说各处病痛，要女儿伺候，要去体检。通过在茶聊室的交谈开导，社区工作人员劝其放宽心、安享晚年，使其明白子女成家后生活不易。同时，告诉其子女，要多多关心刘某，减少其心理落差，才能避免现在的情况。通过社区心理疏导，刘某心情好了很多，其子女对母亲的关注也更多了，家庭更加和睦。

（二）打造特色老年大学，丰富老年人精神文化生活

"莫道桑榆晚，为霞尚满天。"丰富老年人精神文化生活，是尊老、敬老、爱老、孝老的重要内容。"十四五"期间，我国老年人将突破3亿人，将从轻度老龄化迈入中度老龄化。如何丰富老年人精神文化生活，真正实现老有所学、老有所乐？和平路社区联合添福居家养老服务中心打造了富有特色的老年大学，不断发展老年教育、繁荣老年文化，加强对老年人的精神关爱。

解放街道和平路社区老年学校建于2017年，位于健康路2号，占地面积700余平方米。在区委区政府、区委组织部、老干部局，还有解放街道的关心下，社区引进了添福公司作为第三方服务公司。目前老年大学有教师25人，学员1182人，专业课程19个，分设旗袍4个班、书法2个班、太极2个班、形体5个班、民舞8个班、广场舞5个班、太极剑1个班、声乐4个班、化妆1个班、二胡1个班、电脑1个班、健身操1个班、表演1个班、瑜伽3个班、古典舞1个班、越剧1个班、葫芦丝1个班、英语1个班、时装走秀2个班，2个教室，1个舞蹈室，1个大厅，1个球排室，2个办公室。

学员 1000 余人，遍布整个章贡区。

1. 健康教育生活化

老年大学不仅加入了老年健康知识、老年疾病预防等健康课程，还不时邀请专家开设健康知识讲座，课余还组织印发了较多健康知识资料和书籍，让学员们自学钻研，相互交流心得。老年大学还成立了乐队、舞蹈队，将健康教育生活化。

2. 思想教育阵地化

利用老年大学这一平台，加强思想政治阵地建设，充分发挥老干部的作用，鼓舞人心，统一认识。以开展党史学习教育为契机，引导和鼓励老同志发挥余热，发挥老干部的表率引导作用。充分利用老干部的政治优势和威望优势，按照自愿、量力的原则，通过聘请监督员、督导员、辅导员等形式，发挥他们在关心下一代中的作用。进一步加强对老干部、老同志的思想政治教育，为老干部发挥余热创造条件。

3. 活动开展实体化

用健康、礼貌向上的文化体育活动丰富学员的生活，使老年人通过充实的文体生活愉悦身心。社区以老年大学为依托，用心组织大型文体活动，拓展学员的联谊空间，扩大老年人的社交面，推动全区老年人文体活动健康开展。

（三）成立银发志愿者队伍，开展志愿服务活动

近年来，随着我国人口老龄化程度的不断加深，如何实现老有所依、老有所养，如何让独居老人、困境老人、空巢老人等特殊群体过上高质量的晚年生活，成为政府和社会关注的焦点。和平路社区培育了一批拥有志愿奉献精神、积极向上的低龄银发先锋志愿者，让他们为社区内高龄老人提供以老助老服务，从而实现老人间"互助守望"。

以老助老，培育低龄银发志愿者。虽然部分老年人退休在家，却比上班时还要忙，忙着走街串巷，忙着帮扶周围比自己年纪更大且生活困难的老人。"互助守望"的养老模式，既能让高龄老人养老不离家，也能让更多低龄老人发挥余热，实现老有所为。

"时间银行"，让助老服务更加长效化。为了让参与志愿服务的低龄老人能老有所乐、老有所学，社区每月邀请为老服务团队、法律援助组织、心理

咨询师等进社区，为低龄老年志愿者开展相关的培训、座谈活动，让银发志愿者们学习技能、提升自我，从而更好地为高龄老人提供优质服务。另外，社区还设立了"时间银行"，把银发志愿者的助老服务时间"储存"起来，积累满一定数额即可兑换不同价值的物件、服务等。这一举措调动了低龄老人参与志愿服务的积极性，增加了以老助老服务的可持续性，并以此鼓励更多低龄老人加入银发先锋志愿者队伍。

据了解，今后，银发志愿者们不仅会给结对老人提供代购日用品、上门理发、卫生保洁等普通服务，还会在老人有需要时提供送饭做饭、闲话家常、陪同参加社会活动等个性化服务，让高龄老人们不再为琐事发愁，不再为孤独忧心，静享桑榆晚景之乐。

（四）打造社区里的城市书房，延伸暖心服务

凤翾筑梦城市书房位于健康路 2 号和平路社区一层，占地约 140 平方米，分为文化空间、社交空间、阅读空间 3 个功能区。针对居民需求，这里的藏书包括党的理论、文学、居家、旅游、养老、健康等九大类 3000 余册，设有专门的儿童阅览区域，配有实用的沙发、桌椅，采取家居式的装修风格，让市民仿佛置身于自家书房般轻松自在。该书房不仅引导大家多读书、勤读书、善读书、读好书，同时也为城区居民提供更便捷、舒适的阅读空间。

和平路社区党委书记温书记说道："我个人也从城市书房中受益，能静下心来看书是很难得的和自己相处的机会，我很享受这个过程，周末会带孩子过来一起感受书屋的氛围。"

银发志愿者范师傅说："约上几个好友，看看书，谈谈心得，比刷抖音有意思多了！出门几分钟就到了，方便得很，我经常来凤翾筑梦城市书房，这里经常开展各类公益性文化活动，吸引周边的孩子来到城市书房，感受书房的魅力，享受阅读带来的乐趣。我参加过社区和书屋联合开展的'世界读书日'活动，一起走进书的海洋，汲取书的营养，让阅读成为我们的习惯。"

书房另联合社会组织、志愿队伍面向社区居民提供学生课业辅导、再就业推介、心理健康讲座，宣传绿色环保、垃圾分类等理念，在为居民提供舒适阅读环境的同时，提供更多居民需要的延伸服务。

（五）垃圾分类新时尚，老年人动手齐参与

当前，解放街道作为赣州市章贡区生活垃圾分类试点，该项工作正如火如荼地开展。和平路社区充分发挥老年人的作用，积极让老年人参与生活垃圾分类。"榴莲壳是其他垃圾，不能跟剩菜扔在一起……"宋大爷一边从垃圾袋里捡起榴莲壳，一边告诉身边的小外孙。在解放街道和平路社区，不少老年人已经逐渐改变了一直以来的生活习惯，积极参与生活垃圾分类，有的甚至充当起了生活垃圾分类"宣传员"。自从开展生活垃圾分类宣传以来，解放街道和平路社区成立了生活垃圾分类宣讲队伍，将辖区老年人作为重点宣传对象，工作人员走进庭院向来往的居民尤其是老年人进行生活垃圾分类宣传。"生活垃圾分四类，有害厨余要分清！"工作人员将生活垃圾分类知识不厌其烦地讲给老人们，一点一点地向他们普及，用接地气的例子向老人们讲解生活垃圾分类对于环境保护的重要性，以及如何正确地将生活垃圾分类。居民王大爷在工作人员的带领下主动加入了宣传队伍，逢人便说生活垃圾分类的好处，俨然成为了小区垃圾分类的"宣传大使"。和王大爷一样，张大妈也加入了宣传队伍，每天对照着宣传单纠正老伴错误的丢弃方式，"我们老年人也是社会的一员，只有大家都积极参与垃圾分类，我们的人居环境才能越来越好"。

附录一

关于开展示范性全国老年友好型社区创建工作的通知

国卫老龄发〔2020〕23号

各省、自治区、直辖市及新疆生产建设兵团卫生健康委（老龄办）：

为贯彻落实党中央、国务院关于实施积极应对人口老龄化国家战略的决策部署，推进老年友好社会建设，经中央批准，国家卫生健康委（全国老龄办）决定在全国开展示范性老年友好型社区创建工作。现将有关事项通知如下。

一、工作目标

提升社区服务能力和水平，更好地满足老年人在居住环境、日常出行、健康服务、养老服务、社会参与、精神文化生活等方面的需要，探索建立老年友好型社区创建工作模式和长效机制，切实增强老年人的获得感、幸福感、安全感。到 2025 年，在全国建成 5000 个示范性城乡老年友好型社区，到 2035 年，全国城乡实现老年友好型社区全覆盖。

二、工作任务

（一）改善老年人的居住环境

支持对老年人住房的空间布局、地面、扶手、厨房设备、如厕洗浴设备、紧急呼叫设备等进行适老化改造、维修和配备，降低老年人生活风险。建立社区防火和紧急救援网络，完善老年人住宅防火和紧急救援救助功能。定期开展独居、空巢、留守、失能（含失智）、重残、计划生育特殊家庭老年人家庭用水、用电和用气等设施安全检查，对老化或损坏的设施及时进行改造维修，排除安全隐患。加强社区生态环境建设，大力绿化和美化社区，营造卫生清洁、空气清新的社区环境。

（二）方便老年人的日常出行

加强老年人住宅公共设施无障碍改造，重点对坡道、楼梯、电梯、扶手等进行改造，保障老年人出行安全。加强社区道路设施、休憩设施、信息化设施、服务设施等与老年人日常生活密切相关的设施和场所的无障碍建设。新建城乡社区提倡人车分流模式，加强步行系统安全设计和空间节点标志性设计。

（三）提升为老年人服务的质量

利用社区卫生服务中心（站）、乡镇卫生院等定期为老年人提供生活方式和健康状况评估、体格检查、辅助检查和健康指导等健康管理服务，为患病老年人提供基本医疗、康复护理、长期照护、安宁疗护等服务。开展老年人群营养状况监测和评价，制定满足不同老年人群营养需求的改善措施。深入推进医养结合，支持社区卫生服务机构、乡镇卫生院内部建设医养结合中心，为老年人提供多种形式的健康养老服务。利用社区日间照料中心及社会化资源为老年人提供生活照料、助餐助浴助洁、紧急救援、康复辅具租赁、精神慰藉、康复指导等多样化养老服务。广泛开展以老年人识骗、防骗为主要内容的宣传教育活动。建立定期巡访独居、空巢、留守、失能（含失智）、重残、计划生育特殊家庭老年人等的工作机制。

（四）扩大老年人的社会参与

引导和组织老年人参与社区建设和管理活动，参与社区公益慈善、教科文卫等事业，支持社区老年人广泛开展自助、互助和志愿活动，充分发挥老年人的积极作用。因地制宜改造或修建综合性活动场所，配建有利于各年龄群体共同活动的健身和文化设施，为老年人和老年社会组织参与社区活动提供必要的场地、设施和经费保障，满足老年人社会参与需求。

（五）丰富老年人的精神文化生活

鼓励社区自设老年教育学习点或与老年大学、教育机构和社会组织等合作在社区设立老年教育学习点，方便老年人就近学习。有效整合乡村教育文化资源，发展农村社区的老年教育，以村民喜爱的形式开展适应老年人需求的教育活动。丰富老年教育内容和手段，积极开展老年人思想道德、科学普及、休闲娱乐、健康知识、艺术审美、智能生活、法律法规、家庭理财、代际沟通、生命尊严等方面的教育。鼓励老年人自主学习，支持建立不同类型的学习团队。组织多种形式的社区敬老爱老助老主题教育活动，加大对"敬老文明号"和"敬老爱老助老模范人物"的宣传。开展有利于促进代际互动、邻里互助的社区活动，增强不同代际间的文化融合和社会认同。

（六）提高为老服务的科技化水平

提高社区为老服务信息化水平，利用社区综合服务平台，有效对接服务供给与需求信息，加强健康养老终端设备的适老化设计与开发，为老年人提供方便的智慧健康养老服务。依托智慧网络平台和相关智能设备，为老年人的居家照护、医疗诊断、健康管理等提供远程服务及辅助技术服务。开展"智慧助老"行动，依托社区加大对老年人智能技术使用的宣教和培训，并为老年人在其高频活动场所保留必要的传统服务方式。

三、工作安排

第一阶段：示范创建阶段（2020~2022 年）。2020 年，启动老年友好型社区创建工作。2021~2022 年，在全国创建 2000 个示范性城乡老年友好型社区，为全国发挥示范引领作用。

第二阶段：示范推进阶段（2023~2025 年）。进一步推进示范性城乡老年友好型社区创建，2023~2025 年，在全国再创建 3000 个示范性城乡老年友好型社区。

第三阶段：总结深化阶段（2026~2030 年）。认真总结示范性城乡老年友好型社区创建的工作经验和工作模式，加强工作宣传，扩大创建范围，开展中期评估，到 2030 年底，老年友好型社区在全国城乡社区的覆盖率达到 50%以上。

第四阶段：全面评估阶段（2031~2035 年）。大力推广老年友好型社区创建经验和工作机制，评估创建效果，加强分类指导，进一步扩大城乡老年友好型社区创建的覆盖面，到 2035 年底，全国城乡社区普遍达到老年友好型社区标准。

四、工作流程

（一）制订计划与组织推动

在示范创建和示范推进阶段，国家每年为各省（区、市）分配示范性城乡老年友好型社区创建的数量指标。各地要制订创建工作计划，组织开展创建工作，分期分批推选符合条件的示范性社区。

（二）自愿申报与县级初核

符合条件的社区按照自愿的原则，填写全国示范性城乡老年友好型社区申请表并在社区内公示，经县级初审通过后，报送省（区、市）卫生健康委（老龄办）复核。

（三）省级复核与推荐

各省（区、市）卫生健康委（老龄办）对参评社区提交的申请材料进行审核把关，提出审核意见，并向国家卫生健康委（全国老龄办）推荐本省（区、市）的参评社区。

（四）国家评审、公示、命名与授牌

国家卫生健康委（全国老龄办）通过组织专家审核、现场抽查等方式进行综合评审，对符合条件的示范性城乡老年友好型社区进行公示后予以命名并授牌。

五、工作要求

（一）加强组织领导

各地要充分认识全国示范性老年友好型社区创建工作的重要意义，把创建工作作为实施积极应对人口老龄化国家战略的一项具体举措，纳入本地经济社会发展规划及当地党委、政府的重点工作任务，健全工作机制，强化部门协同，加大投入保障。要研究制定具体实施方案，明确任务分工，实行目标管理，确保创建工作稳步、持续、深入开展。

（二）加强统筹协调

各级卫生健康委（老龄办）负责创建工作的具体组织和协调，要建立健全跨部门的协调机制，及时解决工作中遇到的困难和问题，研究制定相关配套政策措施，共同推进创建任务的全面落实。

（三）加强指导检查

各地要加强指导和检查，督促参评社区对标对表，认真对照全国示范性城乡老年友好型社区标准开展创建工作，确保创建过程不走样，创建标准不打折扣。国家卫生健康委（全国老龄办）将不断完善示范性老年友好型社区建设的工作机制，建立健全科学规范、公正合理、与时俱进的考评指标体系，加大对已命名示范性城乡老年友好型社区的抽查和公开力度，建立动态调整机制，对于创建后工作质量下降、老年人满意度不高的社区将撤销命名。

（四）加强宣传推广

各地要充分利用电视、网络等宣传媒体，采取多种形式，认真做好示范性城乡老年友好型社区创建的宣传和推广工作，在全社会大力培育和践行社会主义核心价值观，倡导"积极老龄观、健康老龄化、幸福老年人"的理念，努力营造养老、孝老、敬老的社会环境，推动社会各界广泛参与示范性老年友好型社区创建工作，不断扩大创建工作的参与度和影响力。

国家卫生健康委　全国老龄办

2020 年 12 月 9 日

关于开展 2021 年全国示范性老年友好型社区创建工作的通知

国卫老龄函〔2021〕25 号

各省、自治区、直辖市及新疆生产建设兵团卫生健康委（老龄办）：

为深入贯彻落实积极应对人口老龄化的国家战略，根据《关于开展示范性全国老年友好型社区创建工作的通知》（国卫老龄发〔2020〕23 号），国家卫生健康委（全国老龄办）决定开展 2021 年全国示范性老年友好型社区创建工作。现将有关事项通知如下：

一、工作任务

按照全国示范性老年友好型社区创建工作要求，围绕改善老年人居住环境、方便老年人日常出行、提升为老年人服务质量、扩大老年人社会参与、丰富老年人精神文化生活、提高为老服务科技化水平以及管理保障等方面内容，积极开展宣传动员和组织培训等活动，扎实推进各项创建工作，按照逐级推荐、优中选优的原则，评选出 1000 个全国示范性老年友好型社区。

二、工作安排

（一）科学分配名额

国家卫生健康委（全国老龄办）根据人口总数、人口老龄化程度、社区数量、经济发展水平等因素为各省（区、市）分配申报名额，申报名额总数 1000 个。

（二）逐级组织培训

国家卫生健康委（全国老龄办）将围绕创建标准、评分细则等内容对省

175

级卫生健康行政部门（老龄办）相关负责同志以及有关专家进行培训，指导各地规范开展创建工作。各地要逐级开展相应的培训工作。

（三）现场调研指导

根据各地创建工作的进展和需要，国家卫生健康委（全国老龄办）将选取部分地区，组织专家进行现场调研，并为当地改进创建工作提供指导。各地要加大对社区的指导力度，及时了解创建工作进展，帮助社区协调解决创建工作中遇到的困难和问题。

（四）社区自愿申报与县级初核

符合条件的社区按照自愿的原则，填写全国示范性老年友好型社区申请表并在社区内公示，经县级卫生健康行政部门（老龄办）初审通过后，报送省级卫生健康行政部门（老龄办）复核。

（五）省级复核与推荐

各省（区、市）卫生健康行政部门（老龄办）对各地提交的参评社区申请材料进行复核把关，提出审核意见，向国家卫生健康委（全国老龄办）推荐本省份参评社区名单，并填写全国示范性老年友好型社区推荐汇总表。

（六）国家评审、命名与授牌

国家卫生健康委（全国老龄办）组织专家对各省（区、市）上报的材料进行集中评审，并抽取部分社区进行现场核查验收。根据评审和现场核查结果，确定2021年全国示范性老年友好型社区名单并在官网进行公示。根据评选公示结果，国家卫生健康委（全国老龄办）为首批全国示范性老年友好型社区命名和授牌。

三、工作要求

（一）加强组织领导

国家卫生健康委（全国老龄办）统筹协调创建工作，成立创建工作办公室，设在中国健康教育中心，负责沟通、资料审核和评审验收等具体工作。各级卫生健康行政部门（老龄办）负责具体组织实施本级创建工作。

（二）严格审核把关

各地要坚持公平、公正、公开原则，按照自下而上、逐级推荐、逐级审核的工作程序开展申报工作，对基层推荐的社区要严格审核把关，坚决杜绝弄虚作假。对于工作不认真负责、审核把关不严、不合格申报材料较多的省份，国家卫生健康委（全国老龄办）将视情核减申报名额。

（三）严明工作纪律

被推荐社区的基本情况和工作情况要按程序进行公示，接受社会监督，每次公示时间不少于 7 天。评审过程要坚决杜绝形式主义官僚主义，切实减轻基层负担。要严格遵守财经纪律和财务规定，不得以任何形式收取或变相收取费用。一旦发现弄虚作假等违法违规行为，国家卫生健康委（全国老龄办）将进行严肃处理，相关社区 5 年内不得参评全国示范性老年友好型社区。

（四）强化氛围营造

各地要充分利用电视、报纸、广播及网络、微信公众号等各类媒体媒介，大力倡导"积极老龄观、健康老龄化、幸福老年人"的理念，广泛宣传示范性老年友好型社区创建工作，在全社会积极营造养老孝老敬老的社会氛围。

请各地将申请表、推荐汇总表及有关申报材料于 2021 年 6 月 18 日前统一报送中国健康教育中心（纸质版一式两份，通过邮寄方式报送；电子版通过电子邮件方式报送）。逾期未报视为弃权。

中国健康教育中心联系人：宁艳、程玉兰

联系电话：（010）64260328、64245767

邮寄地址：北京市朝阳区安华西里一区 12 楼

邮政编码：100011

电子邮箱：sfxlnyhxsq@163.com

国家卫生健康委老龄健康司联系人：白宇

联系电话：（010）62030792

国家卫生健康委　全国老龄办

2021 年 1 月 26 日

附录三

全国示范性老年友好型社区现场评估表（2021版）（城镇社区）

创建领域	评分指标	指标说明	评价方式	赋分标准	分值	评价结果	得分
一、居住环境安全整洁（15分）	1. 排除安全隐患	对独居、空巢、失能（含失智）、重残、计划生育特殊老年人家庭，通过电话访问、入户排查、上门维修等方式，对家庭用水、用电和用气等设施进行安全检查或入户排查，对老化或损坏的及时改造维修，排除安全隐患	查阅资料：安全排查与改造维修服务记录及相关证明材料。查阅地点：居委会物业	进行安全排查，得1.5分；进行改造维修，得1.5分；没有进行安全排查和改造维修，不得分	3分	1. 进行安全排查；2. 进行改造维修；3. 均无	
	2. 社区防火和紧急救援网络	社区有应对火灾等突发公共事件的应急预案，有进行防火和紧急救援的人员队伍和应急救援工作网络，配备防火和紧急救援设施设备，如微型消防站、应急救援亭、灭火器、紧急呼叫器、监控视频、急救箱等	现场查看：社区是否有应急预案，是否有应急工作网络，是否配备防火和紧急救援设施设备	有应急预案，得1分；有应急工作网络，得1分；配备防火和紧急救援设施设备，得1分；均没有，不得分	3分	1. 微型消防站；2. 应急救援亭；3. 燃气报警器；4. 火灾报警器；5. 监控视频	
	3. 老年人住房实施适老化改造	通过市场化运作、政府资助等方式，对社区老年人家庭实施居住房老化改造，对空间布局、地面、扶手、厨房设备、如厕洗浴设备、紧急呼叫设备等进行适老化改造和维修，降低老年人生活风险	查阅资料：老年人住房老化改造相关工程、项目的资料。查阅地点：居委会（可提供街道、社区或其他相关部门的有关资料）	老年人家庭住房老化改造应改尽改，得3分；部分进行了适老化改造和维修，得1.5分；未改造，不得分	3分	住房适老化改造：1. 是；2. 否	

续表

创建领域	评分指标	指标说明	评价方式	赋分标准	分值	评价结果	得分
一、居住环境安全整洁（15分）	4. 社区生态环境建设	社区进行绿化、美化，环境卫生整洁、营造清洁、空气清新的社区环境	查阅资料：社区进行绿化、美化，环境卫生整洁等相关活动资料。查阅地点：居委会	有相关工程、项目或活动，得3分；没有，不得分	3分	1. 有相关工程、项目或活动；2. 无	
	5. 生活垃圾日产日清	社区内垃圾清运及时，日产日清，社区内无卫生死角、无暴露积存垃圾	现场查看：有无卫生死角、有无暴露积存垃圾。查看地点：社区公共区域	无卫生死角和暴露积存垃圾，得3分；有，不得分	3分	暴露和积存垃圾：1. 有；2. 无	
	6. 住宅无障碍建设	老旧小区或新建小区对住宅公共部分的坡道、楼梯、扶手等进行无障碍改造或建设	查阅资料：老旧小区改造的工程项目材料；新建小区查阅竣工验收材料。查阅地点：居委会（可提供街道、区或其他相关部门的有关资料）	坡道、楼梯、扶手应改尽改、应建尽建，得3分；部分进行了无障碍改造或建设，得1.5分；未进行改造或建设，不得分	3分	1. 坡道、楼梯、扶手应改尽改、应建尽建；2. 部分进行了无障碍改造或建设；3. 未进行改造或建设	
二、出行设施完善便捷（18分）	7. 住宅电梯设置	老旧小区住宅增设电梯；新建小区住宅设置电梯。社区住宅电梯设置率=社区内设置电梯的楼房住宅数量/社区内楼房住宅总数量×100%	现场查看：社区内全部楼房住宅	社区住宅电梯设置率×3分=得分；社区内楼房住宅均没有电梯，不得分	3分	社区内设置电梯的楼房住宅数量 / 社区内楼房住宅总数量____	
	8. 社区设置休息座椅	在老年人主要活动场地及主要通行道路上设置休息座椅，方便老年人出行	现场查看	主要活动场地有休息座椅，得1分；主要通行道路上有休息座椅，得1分；都没有，不得分	2分	1. 主要活动场地有休息座椅；2. 主要通行道路上有休息座椅；3. 均无	
	9. 社区主要交通道路人车分流	社区主要交通道路有单独的车行道和步行道，实行人车分流	现场查看	设置人车分流，得2分；未设置，不得分	2分	社区主要道路人车分流：1. 是；2. 无	

续表

创建领域	评分指标	指标说明	评价方式	赋分标准	分值	评价结果	得分
	10. 社区步行道路面平整，无障碍	社区步行道路路面平整，无非法占用步行道路停放车辆、店外经营、堆放物品等现象，老年人通行顺畅、无通行障碍	现场查看	1. 步行道路平整，得1分；道路有破损、坑洼、积水等现象，不得分；2. 设有发现非法占用步行道路现象，得1分；有非法占用步行道路现象，不得分	2分	1. 步行道路平整；2. 道路有破损、坑洼、积水；3. 有非法占道；4. 无非法占道	
二、出行设施完善便捷（18分）	11. 设置照明设施	社区步行道路、台阶、活动场地等设置路灯等照明设施	现场查看	步行道路设置照明设施，得1分；活动场地设置照明设施，得1分；都未设置，不得分	2分	1. 步行道路设置；2. 活动场地设置；3. 均未设置	
	12. 社区道路满足救护车辆到达要求	社区内部车行道路连贯，且与住宅建筑的楼道口相接，能满足救护车辆到达要求	选取距离居委会较近的一栋住宅建筑和较远的一栋住宅建筑，现场查看	选取的两栋建筑均满足通达要求，得2分；一栋满足，得1分；都不满足，不得分	2分	——栋建筑满足要求	
	13. 设置公共厕所	在老年人集中活动的场所（居住区公共空间、社区花园、广场、亭、廊等活动场地）附近设置公共厕所或附近有可供老年人使用的厕所	现场查看	有公共厕所或可供使用的厕所，得2分；设有，不得分	2分	设置公共厕所：1. 是；2. 否	
三、社区服务便利及可及（29分）	14. 老年人家庭医生签约服务	基层医疗卫生机构通过家庭医生签约服务，为老年人提供基本医疗服务和基本公共卫生服务	查阅资料：查阅10个65岁及以上老年人的家庭医生签约服务记录（纸质版或电子版）。查阅地点：基层医疗卫生机构	每一个老年人享受签约服务，得0.3分；10个老年人都享受签约服务，得3分；10个都未享受签约服务，不得分	3分	10个老人中有个老人享受签约服务	

续表

创建领域	评分指标	指标说明	评价方式	赋分标准	分值	评价结果	得分
三、社区便利服务及可及（29分）	15.上门医疗服务	所在社区或邻近的医疗卫生机构为高龄、失能、行动不便等居家老年人提供家庭病床、巡诊等上门医疗服务	查阅资料：为高龄、失能、行动不便等居家老年人提供家庭病床、巡诊等上门医疗服务资料。查阅地点：基层医疗卫生机构	开展上门医疗服务，得2.5分；未开展，不得分	2.5分	上门医疗服务：1.开展；2.未开展	
	16.康复护理安宁疗护服务	所在社区或邻近的医疗卫生机构为老年人提供康复、护理、安宁疗护等服务	现场查看：为社区老年人提供康复、护理、安宁疗护服务资料。查看地点：基层医疗卫生机构	提供康复服务，得1分；提供护理服务，得1分；提供安宁疗护服务，得0.5分；均未开展，不得分	2.5分	1.开展康复服务；2.开展护理服务；3.开展安宁疗护服务；4.均未开展	
	17.老年人健康教育服务	基层医疗卫生机构通过发放健康教育资料、宣传栏、健康知识讲座、个体化健康指导、短信微信等方式，为社区老年人提供健康教育服务，内容涉及老年健康核心信息、失能预防核心信息、阿尔茨海默病预防与干预核心信息以及健康老龄化理念和健康科学知识	查阅资料：社区老年人健康教育服务相关资料。查看地点：基层医疗卫生机构	利用1种方式提供服务，得0.5分；利用5种方式提供服务，得2.5分；没有提供服务，不得分	2.5分	健康教育资料：1.有；2.无 宣传栏：1.有；2.无 健康知识讲座：1.有；2.无 个体化健康指导：1.有；2.无 短信微信：1.有；2.无	
	18.社区养老服务机构或设施	社区所在镇或街道有养老服务机构或设施，或通过合作、购买服务等方式，利用就近的养老服务机构或设施，为老年人提供生活照料、助餐助行、紧急救援、精神慰藉等服务	现场查看：社区养老服务机构或设施	有社区养老服务机构或设施，得1分；能提供服务，得1分；均没有，不得分	2分	1.有社区养老服务机构或设施；2.能提供服务；3.均无	

续表

创建领域	评分指标	指标说明	评价方式	赋分标准	分值	评价结果	得分
三、社区服务便利可及（29 分）	19. 养老服务设施配备老年用品	社区内或就近的养老服务设施配备或线上提供老年用品，如手杖、轮椅、助行器、防走失手环/胸卡等，并向老年人提供借用等服务	现场查看：社区养老服务设施配备老年用品配备与服务情况。查看地点：社区养老服务设施	配备或线上提供 1 种及以上老年用品，得 0.5 分；有租赁、借用等服务及相关证明材料，得 0.5 分；未配备，不得分	1 分	1. 配备或线上提供 1 种及以上老年用品；2. 有租赁、借用等服务记录；3. 均无	
	20. 失能老年人照护服务	社区通过医疗卫生机构或养老服务机构，为社区失能老年人提供长期照护服务。社会力量、志愿者、物业等社会力量，为失能老年人提供所需的照护服务	查阅资料：为社区失能老年人提供长期照护服务相关资料。查看地点：医疗卫生机构/居委会/物业	医疗卫生机构或养老服务机构提供长期照护服务，得 2 分；社会力量提供照护服务，得 2 分；没有提供服务，不得分	4 分	1. 医疗卫生机构或养老机构提供长期照护服务；2. 社会力量提供照护服务；3. 均无	
	21. 探访特殊困难老年人	对独居、空巢、失能（含失智）、重残、计划生育特殊家庭等特殊困难老年人家庭，有定期探访制度并执行	查阅资料：定期探访制度（人员名单等）和探访工作记录及相关证明材料。查阅地点：居委会	有探访制度，得 1 分；有探访记录及相关材料，得 1 分；均未有，不得分	2 分	1. 有探访制度；2. 有探访记录；3. 均无	
	22. 老年人助餐服务	为老年人提供社区老年餐桌、定点餐饮、自助型餐饮配送等助餐服务	查阅资料：为老年人提供助餐服务的相关资料。查看地点：居委会/序老年服务站等	提供助餐服务，得 2 分；没有提供助餐服务，不得分	2 分	老年人助餐服务：1. 提供；2. 不提供	
	23. 老年人社会心理服务	在社区设立心理咨询室或通过其他渠道，为老年人提供聊天、心理疏导、情绪抚慰、关系调适、社会融入等服务	查阅资料：社会心理服务相关资料。查阅地点：居委会（可提供服务机构的有关资料）	有心理咨询室，得 1 分；提供服务，得 1 分；都没有，不得分	2 分	1. 有心理咨询室；2. 提供服务；3. 均无	

续表

创建领域	评分指标	指标说明	评价方式	赋分标准	分值	评价结果	得分
三、社区服务便利及可及（29分）	24. 老年人宣传教育	通过宣传栏、讲座、APP、微信公众号、老年教育学习点等，开展老年人安全知识讲座、老年人防诈骗知识与技巧宣传教育，积极老龄保障法规宣法宣传、老年人权益保障法律宣传教育，老年人教育学习活动（包括思想道德、科学普及、智能数字、休闲娱乐、艺术审美、健康知识、法律法规、家庭理财、代际沟通、生命尊严等方面）	查阅资料：老年人安全培训、防诈骗宣传教育、积极老龄观教育、普法宣传教育、教育学习活动等相关资料。查阅地点：居委会/老年教育学习点	每开展1种活动，得0.4分；5种活动都开展，得2分；5种活动均未开展，不得分	2分	安全培训： 1.有；2.无 防诈骗宣传教育： 1.有；2.无 积极老龄观教育： 1.有；2.无 普法宣传教育： 1.有；2.无 教育学习活动： 1.有；2.无	
	25. 老年人公共法律服务	通过社区公共法律服务室或法律顾问等渠道，为老年人提供法律援助等公共法律服务，带助解决涉及老年人的纠纷及相关事务	查阅资料：社区向老年人提供公共法律服务的记录和其他相关资料。查阅地点：居委会或社区服务中心	提供老年人公共法律服务，得1.5分；无，不得分	1.5分	为老年人提供公共法律服务： 1.是； 2.否	
	26. 社区志愿服务	建立志愿者组织，为社区有需求的老年人提供志愿服务	查阅资料：志愿服务相关资料。查阅地点：居委会	有志愿服务，得2分；没有，不得分	2分	社区志愿服务： 1.有； 2.无	
四、社会参与广泛充分（11分）	27. 老年人参加居民代表会议	邀请60岁以上老年人参加社区居民代表会议，听取老年人的意见和建议	查阅资料：通知、记录表或手机信息等相关材料等。查阅地点：居委会	居民代表会议有60岁以上老年人参加，得2分；没有，不得分	2分	有60岁以上老年人参加居民代表会议： 1.是； 2.否	
	28. 老年人参与公益事业	组织老年人参与公益活动，如"银龄行动"、社区服务、环境保护、知识传播、社会援助、社会治安、慈善活动等，老有所为	查阅资料：老年人参与公益活动资料。查阅地点：居委会	组织一种公益活动得1分；3种及以上得3分；没有，不得分	3分	组织___种公益活动	

续表

创建领域	评分指标	指标说明	评价方式	赋分标准	分值	评价结果	得分
四、社会参与广泛充分（11分）	29. 老年社会组织和文体团队	社区建立老年协会等老年社会组织，成立老年人自我管理、自我服务；成立老年文体团队，组织开展各类文化体育活动，丰富老年人精神文化生活	查阅资料：老年社会组织和文体团队建立及开展活动的相关资料。查阅地点：居委会	有老年社会组织，得1.5分；有老年文体团队，得1.5分，都没有，不得分	3分	1. 有老年社会组织；2. 有老年文体团队；3. 均无	
	30. 老年人活动场所	社区有老年人活动场所，包括室内和室外（如文化活动中心、图书室、文化角等），活动广场、活动室、棋牌室，为老年人和老年社会组织开展活动提供便利条件	现场查看：有无活动场所。查看地点：社区公共区域	有老年人活动场所，得3分；没有，不得分	3分	老年人活动场所：1. 有；2. 无	
	31. 敬老爱老助老典型宣传	社区组织或参加上级单位组织的"最美家庭""五好家庭"评选活动，宣传报道获奖家庭，践行积极老龄观的先进人物事迹（如"活力老人"等），"敬老文明号""敬老爱老助老"等先进集体和模范人物	查阅资料：宣传活动相关资料。查看地点：居委会	开展相关活动，得2分；均未开展，不得分	2分	1. 开展相关活动；2. 未开展	
五、孝亲敬老氛围浓厚（10分）	32. 家庭养老照护者培训	社区失能老年人的家庭成员、监护人、护工、雇工、志愿者等参与失能老年人照护者培训，培训内容包含协助进食、协助排泄及如厕、协助移动、更换衣物、卧位护理、以及洗发、梳头、口腔清洁、洗脸、剃胡须、修剪指甲、洗手洗脚、沐浴、应急救护等	查阅资料：参与失能老人照护者培训相关资料。查看地点：居委会及基层医疗卫生机构	参与培训，得2分；未参与，不得分	2分	1. 参与培训；2. 未参与	
	33. 开展代际互动活动	社区组织开展有利于促进代际互动的活动，如亲子活动，小手拉大手、趣味运动会等，增强不同代际间的文化融合和社会认同	查阅资料：相关活动资料。查看地点：居委会	开展活动，得3分；未开展，不得分	3分	1. 开展活动；2. 未开展	

续表

创建领域	评分指标	指标说明	评价方式	赋分标准	分值	评价结果	得分
五、孝亲敬老氛围浓厚（10分）	34. 开展邻里互助活动	社区组织开展邻里互助活动，鼓励邻里为需要的老年人提供生活照料和关爱服务	查阅资料：相关活动资料。查阅地点：居委会	开展邻里互助活动，得3分；未开展，不得分	3分	1. 开展活动； 2. 未开展	
	35. "互联网+养老"服务	社区利用信息化手段，如APP、社区综合服务平台、养老信息平台等，有效对接为老服务供给与服务需求信息	现场查看：为老服务供需对接平台；查阅地点：居委会	有为老服务供需对接平台，得2分；开展服务，得2分；都没有，不得分	4分	"互联网+养老"服务： 1. 开展； 2. 未开展	
六、科技智慧助老创新（8分）	36. 帮助老年人使用智能产品和智能技术	社区通过多种渠道，为老年人使用电脑、智能手机、可穿戴设备等智能产品和智能技术提供培训和帮助	查阅资料：活动相关资料。查阅地点：居委会	开展相关活动，得2分；未开展，不得分	2分	1. 开展活动； 2. 未开展	
	37. 保留传统服务方式	社区卫生服务机构、物业、居委会等老年人高频活动场所保留人工服务和现金收费等传统服务方式	现场抽查：水电气等日常生活缴费场所（如物业等），是否有人工服务和现金收费服务	有人工服务和现金收费服务，得2分；没有，不得分	2分	1. 有人工服务和现金收费服务； 2. 无相关服务	
七、管理到位保障有力（9分）	38. 老龄工作人员	社区工作者中有人负责老龄工作；社区至少配备一名以老年人服务为主的社会工作者	查阅资料：社区工作者配备及分工等资料。查阅地点：居委会	有人负责老龄工作，得1.5分；配备社会工作者，得1.5分；均没有，不得分	3分	1. 有人负责老龄工作； 2. 配备社会工作者； 3. 均无	
	39. 创建工作经费支持	为社区开展老年友好型社区创建工作提供经费支持，保障创建工作所需经费	查阅资料：经费台账。查阅地点：居委会（可提供街道、区县或其他相关部门的有关资料）	所在街道、县区或相关部门有经费支持，得2分；社区有经费支持，得1分；均没经费支持，不得分	3分	1. 所在街道、县区或其他相关部门有经费支持； 2. 社区有经费支持； 3. 均无	

续表

创建领域	评分指标	指标说明	评价方式	赋分标准	分值	评价结果	得分
七、管理到位保障有力（9分）	40. 组织实施创建工作	社区宣传倡导老年友好型社区理念，统筹协调安排老年友好型社区创建工作，纳入社区重点工作，有创建的工作计划和工作总结	查阅资料：工作计划、工作总结等相关资料。查阅地点：居委会	有工作计划，得1.5分；有工作总结，得1.5分；均没有，不得分	3分	1. 有工作计划； 2. 有工作总结； 3. 均无	
八、特色亮点（5分）		围绕居住环境、出行设施、科技助老、孝亲敬老、管理保障及相关重点领域，在制度、体制、运行机制、管理、策略、措施、方法、技术等方面有突破、创新，提升服务质量与效果，扩大受益老年人的覆盖面，切实增强老年人的获得感、幸福感和安全感，有总结或案例等证明材料	查阅资料：证明材料。查阅地点：居委会	每有一个特色亮点，得1分；有5个及以上特色亮点，得5分；没有特色亮点，不得分	5分	领域一特色亮点： 1. 有；2. 无 领域二特色亮点： 1. 有；2. 无 领域三特色亮点： 1. 有；2. 无 领域四特色亮点： 1. 有；2. 无 领域五特色亮点： 1. 有；2. 无 领域六特色亮点： 1. 有；2. 无 领域七特色亮点： 1. 有；2. 无 其他领域特色亮点： 1. 有；2. 无	

附录四

全国示范性老年友好型社区现场评估表（2021 版）
（农村社区）

创建领域	评分指标	指标说明	评价方式	赋分标准	分值	评估结果	得分
一、居住环境安全整洁（19分）	1. 自来水入户	老年人家庭实现自来水入户，确保老年人取水安全和便利	入户调查：随机抽取 10 户老年人家庭，查看有无自来水入户	1 户有，得 0.3 分；10 户均有，得 3 分；10 户均无，不得分	3分	10 户老年人家庭中有____户自来水入户	
	2. 排除安全隐患	对独居、留守、失能（含失智）、重残、计划生育特殊老年人家庭，通过电话访问、入户排查、上门维修等方式，对家庭用水、用电和用气等设施进行安全检查或入户排查，对老化或损坏的及时改造维修，排除安全隐患	查阅资料：排查与维修服务记录及相关证明材料。查阅地点：村委会	进行安全排查，得 1.5 分；进行维修，得 1.5 分；没有进行排查和维修，不得分	3分	1. 进行安全排查；2. 进行改造维修；3. 均无	
	3. 户厕改造	实施村民（住宅）卫生厕所改造，普及卫生厕所。户厕是指、村民（住宅）户厕有墙、有顶、贮粪池不漏、密闭有盖，厕所清洁、无蝇蛆、基本无臭，粪便按规定清出	入户调查：随机抽取 10 户老年人家庭，查看户厕改造情况	1 户有卫生厕所，得 0.3 分；10 户均有，得 3 分；10 户均没有，不得分	3分	10 户村民住宅中有____户户厕改造	
	4. 生活垃圾日产日清	村内生活垃圾及时清扫、日产日清，无暴露和积存垃圾	现场查看：有无暴露和积存垃圾。查看地点：村内公共区域	无暴露和积存垃圾，得 3 分；有暴露和积存垃圾，不得分	3分	暴露和积存垃圾：1. 有；2. 无	

189

续表

创建领域	评分指标	指标说明	评价方式	赋分标准	分值	评估结果	得分
一、居住环境安全整洁（19分）	5. 河沟渠塘清洁	村内河沟渠塘无积存垃圾、无白色污染、水面无明显漂浮物，村内无黑臭水体	现场查看：河沟渠塘有无上述各种情况。查看地点：村内河沟渠塘	无上述情况，得3分；发现存在上述任1种情况，不得分	3分	暴露和积存垃圾：1. 有；2. 无	
	6. 老年人住房适老化改造	结合农村危房改造工作，对纳入特困供养、建档立卡范围的高龄、失能、残疾老年人家庭，实施老年人住房适老化改造	查阅资料：实施住房适老化改造的资料及相关证明材料。查看地点：村委会（可提供乡镇街道、县区或其他相关部门门的有关资料）	目标家庭均开展住房适老化改造，得4分；部分家庭开展，得2分；未开展，不得分	4分	住房适老化改造：1. 有；2. 无	
二、出行设施完善便捷（9分）	7. 社区主干道路面硬化	对社区主干道路面进行硬化处理，路面平整安全	现场查看	主干道路面硬化，得3分；部分主干道路面硬化，得1.5分；未硬化，不得分	3分	1. 主干道路面硬化；2. 部分主干道路面硬化；3. 未硬化	
	8. 设置照明设施	社区内主要道路、老年人活动场地、住宅建筑出入口等公共区域设置照明设施	现场查看	主要道路设置照明设施，得1分；活动场地设置照明设施，得1分；住宅建筑出入口设置照明设施，得1分；都未设置，不得分	3分	1. 主要道路设置；2. 活动场地设置；3. 住宅建筑出入口设置；4. 均未设置	
	9. 设置公共厕所	在社区广场、亭、廊、花架等老年人集中活动场所附近设置公共厕所	现场查看	有公共厕所，得3分；没有，不得分	3分	设置公共厕所：1. 是；2. 否	
三、社区服务便利可及（33分）	10. 老年人基本医疗卫生服务	社区基层医疗卫生机构为老年人提供基本医疗服务和基本公共卫生服务。基本医疗至少应包含常见病多发病诊治、基本药物提供、中医适宜技术服务、老年人健康管理、慢性病患者健康管理等5种服务	查阅资料：向老年人提供基本医疗卫生服务的相关资料。查看地点：基层医疗卫生机构	提供1种服务，得0.8分；提供5种服务，得4分；5种服务均未提供，不得分	4分	向老年人提供____种基本医疗卫生服务	

续表

创建领域	评分指标	指标说明	评价方式	赋分标准	分值	评估结果	得分
	11. 老年人家庭医生签约服务	基层医疗卫生机构通过家庭医生签约服务，为老年人提供基本医疗服务和基本公共卫生服务	查阅资料：查阅10个65岁及以上老年人的家庭医生签约服务记录（纸质版或电子版）。查阅地点：基层医疗卫生机构	每一个享受签约服务，得0.4分；10个都享受签约服务，得4分；10个都未享受签约服务，不得分	4分	10个65岁及以上老年人中有___人享受签约服务	
三、社区服务（便利）可及(33分)	12. 老年人健康教育服务	基层医疗卫生机构通过发放健康教育资料、宣传栏、健康知识讲座、个体化健康指导等方式，为社区老年人提供健康教育服务，内容涉及老年健康核心信息、失能预防核心信息和阿尔茨海默病预防与干预核心信息以及健康老龄化理念和健康科学知识	查阅资料：社区老年人健康教育服务相关资料。查阅地点：基层医疗卫生机构	利用1种方式提供服务，得0.8分；利用5种方式提供服务，得4分；均未提供服务，不得分	4分	健康教育资料：1.有；2.无 宣传栏：1.有；2.无 健康知识讲座：1.有；2.无 个体化健康指导：1.有；2.无 短信微信：1.有；2.无	
	13. 探访特殊困难老年人	对独居、留守、失能（含失智）、重残、计划生育特殊困难家庭老年人家庭，有定期探访制度并执行	查阅资料：定期探访制度（人员名单等）和探访工作记录及相关证明材料。查阅地点：村委会	有探访制度，得2分；有探访记录及相关证明材料，得2分；均没有，不得分	4分	1.有探访制度；2.有探访记录；3.均无	
	14. 邻里互助场所	建立邻里互助场所，如互助院、幸福院、日间照料中心等，为老年人提供活动场所，开展为老服务活动	现场查看：是否有邻里互助场所	有邻里互助场所，得2分；开展活动，得2分；没有邻里互助场所，不得分	4分	邻里互助场所：1.有；2.无 为老服务活动：1.有开展；2.未开展	

续表

创建领域	评分指标	指标说明	评价方式	赋分标准	分值	评估结果	得分
	15. 老年人宣传教育	通过宣传栏、讲座、APP、微信公众号、老年教育学习点等，开展老年人防诈骗知识与技巧宣传教育、积极老年观教育、老年权益保障法规普法宣传教育和老年人教育学习活动	查阅资料：防诈骗宣传教育，积极老年观教育，普法宣传教育等教育相关资料。查阅地点：村委会/老年教育学习点	每开展一种活动，得0.75分，4种活动都开展，得3分，均未开展，不得分	3分	防诈骗宣传教育：1.有；2.无 积极老年观教育：1.有；2.无 普法宣传教育：1.有；2.无 教育学习活动：1.有；2.无	
三、社区服务便利及可及（33分）	16. 老年人公共法律服务	通过公共法律服务室或法律顾问等公共法律服务，向村里老年人提供法律援助等共法律服务，帮助解决涉及老年人的纠纷及相关事务	查阅资料：村里提供老年人公共法律服务情况。查阅地点：村委会或公共法律服务中心	提供老年人公共法律服务，得3分；没有，不得分	3分	为老年人提供公共法律服务：1.是；2.否	
	17. 社区志愿服务	建立志愿者组织，为村里有需求的老年人提供志愿服务	查阅资料：志愿服务相关资料。查阅地点：村委会	有志愿服务，得4分；没有，不得分	4分	社区志愿服务：1.是；2.否	
	18. 留守老年人关爱服务	家族成员、亲友、邻里乡亲等照料关爱留守老年人	询问村委会工作人员，是否有这种现象，举出实例	有关爱服务，得3分；没有，不得分	3分	1.开展相关活动；2.未开展	
四、社会参与范围广（17分）	19. 帮助老年人销售农副产品	村里拓展销售渠道（如搭建电商平台、联系收购方购买农副产品等），利用合作社促进销售等，帮助老年人销售农副产品	查阅资料：查看帮助销售的相关资料。查阅地点：村委会	帮助老年人销售农副产品，得3分；没有帮助，不得分	3分	1.开展相关活动；2.未开展	
	20. 帮助经济困难的老年人获得工作机会	村里帮助经济困难的老年人申请社区公益性岗位（如保洁、治安、护路、管水、扶残助残、养老护理、林业管护、公共卫生、公共基础设施维护等乡村公共服务类岗位），或联系用工机会	查阅资料：申请社区公益性岗位或联系录用工机会的相关资料。查阅地点：村委会	帮助经济困难老年人申请公益性岗位或联系用工机会，得4分；没有，不得分	4分	1.开展相关活动；2.未开展	

续表

创建领域	评分指标	指标说明	评价方式	赋分标准	分值	评估结果	得分
四、社会参与广泛充分（17分）	21.老年人参加村代表会议	邀请60岁以上老年人参加村代表会议，听取老年人的意见和建议	查阅资料：通知、记录表或手机信息等相关资料。查阅地点：村委会	村代表会议有60岁以上老年人参加，得3分；没有，不得分	3分	有60岁以上老年人参加居民代表会议：1.是；2.否	
	22.老年社会组织和文体团队	村里建立老年协会等老年社会组织，实行老年人自我管理、自我服务，组织开展各类文化体育活动；建立老年文体团队，丰富老年人精神文化生活	查阅资料：老年社会组织和文体团队建立及开展活动的相关资料。查阅地点：村委会	有老年社会组织，得2分；有老年文体团队，得2分；都没有，不得分	4分	1.有老年社会组织；2.有老年文体团队；3.均无	
	23.老年人活动场所	村里有老年人活动场所，包括室内和室外（如文化活动中心、图书室、棋牌室、活动广场、文化角等），为老年人和老年社会组织开展活动提供便利条件	现场查看：有无活动场所。查看地点：村里公共区域	有老年人活动场所，得3分；没有，不得分	3分	老年人活动场所：1.有；2.无	
五、孝亲敬老氛围浓厚（6分）	24.敬老爱老助老纳入村规民约	将敬老爱老助老纳入村规民约，强化家庭在老年人赡养与关爱服务中的主体责任，增强村规民约对家庭赡养义务人的道德约束	查阅资料：村规民约。查阅地点：村委会	有村规民约并在村里张贴，得3分；没有，不得分	3分	1.将敬老爱老助老纳入村规民约；2.未纳入	
	25.敬老爱老助老典型宣传	村里组织开展敬老爱老教育活动，宣传报道"敬老文明号"等先进集体和"敬老爱老助老"模范人物	查阅资料：宣传活动相关资料。查阅地点：村委会	宣传先进集体，得1.5分；宣传模范人物，得1.5分；均未开展，不得分	3分	1.开展相关活动；2.未开展	
六、科技智慧创新（7分）	26."互联网+养老"服务	社区利用信息化手段，如APP等，有效对接为老服务供给与需求信息	查阅资料：为老服务供需对接相关资料。查阅地点：村委会	有APP等信息化手段，得2分；开展服务，得2分；都没有，不得分	4分	"互联网+养老"服务：1.开展；2.未开展	
	27.帮助老年人使用智能产品和智能技术	社区通过多种渠道，为老年人使用电脑、智能手机，可穿戴设备等智能产品和智能技术提供培训和帮助	查阅资料：相关活动资料。查阅地点：村委会	开展相关活动，得3分；未开展，不得分	3分	1.开展活动；2.未开展	

续表

创建领域	评分指标	指标说明	评价方式	赋分标准	分值	评估结果	得分
七、管理保障到位有力（9分）	28.老龄工作人员	社区工作者中有人负责老龄工作	查阅资料：村委会成员分工。查阅地点：村委会	有人负责老龄工作，得3分；没有，不得分	3分	1.有人负责老龄工作；2.无	
	29.创建工作经费支持	为社区开展老年友好型社区创建工作所需提供经费支持，保障创建工作所需经费	查阅资料：经费台账。查阅地点：村委会（可提供乡镇街道、县区或其他相关部门的有关资料）	所在乡镇、县区或其他相关部门有经费支持，得2分；村有经费支持，得1分；均没有经费支持，不得分	3分	1.所在乡镇、县区或其他相关部门有经费支持；2.村有经费支持；3.均无	
	30.组织实施创建工作	村里宣传倡导老年友好型社区理念，统筹协调安排老年友好型社区创建工作，纳入村重点工作，有创建的工作计划和工作总结	查阅资料：工作计划、工作总结等相关资料。查阅地点：村委会	有工作计划，得1.5分；有工作总结，得1.5分；均没有，不得分	3分	1.有工作计划；2.有工作总结；3.均无	
八、特色亮点（5分）		围绕居住环境、出行设施、社区服务、社会参与、孝亲敬老、科技助老、管理保障及相关重点领域，在制度、体制、运行机制、管理、策略、措施、方法、技术等方面有突破、创新，提升服务质量与效果，扩大惠益老年人的覆盖面，切实增强老年人的获得感、幸福感和安全感，有总结或案例等证明材料	查阅资料：证明材料。查阅地点：村委会	每有一个特色亮点，得1分；有5个及以上特色亮点，得5分；没有特色亮点，不得分	5分	领域一特色亮点：1.有；2.无 领域二特色亮点：1.有；2.无 领域三特色亮点：1.有；2.无 领域四特色亮点：1.有；2.无 领域五特色亮点：1.有；2.无 领域六特色亮点：1.有；2.无 领域七特色亮点：1.有；2.无 其他领域特色亮点：1.有；2.无	

江西省老年友好型社区建设现状与发展的思考*

为贯彻落实党中央、国务院关于实施积极应对人口老龄化国家战略的决策部署，推进老年友好社会建设，国家卫生健康委（全国老龄办）于 2020 年 12 月 9 日下发了《关于开展示范性全国老年友好型社区创建工作的通知》（国卫老龄发〔2020〕23 号）。紧接着，为落实第一阶段示范创建工作，国家卫生健康委（全国老龄办）于 2021 年 1 月 26 日下发了《关于开展 2021 年全国示范性老年友好型社区创建工作的通知》（国卫老龄函〔2021〕25 号），部署了"在全国评选出 1000 个示范性老年友好型社区"的工作任务。随后，国家卫生健康委（全国老龄办）于 2021 年 6 月 2 日公布了《全国示范性老年友好型社区评分细则（试行）》，用于指导各地的创建指导和评估验收工作。

江西省卫生健康委老龄健康处随即在全省城乡开展了老年友好型社区的创建和"全国示范性老年友好型社区"的推选工作，并聘请江西财经大学老龄问题研究中心的专家对全省 50 个城乡社区的申报材料进行了科学计分。推选打分工作以《全国示范性老年友好型社区评分细则（试行）》（以下简称《评分细则》）为依据，分为农村社区和城镇社区两个类别，总分均为 105 分。评分指标主要包括居住环境、出行设施、社区服务、社会参与、孝亲敬老、科技助老、管理保障七个方面，同时鼓励城乡社区突出各自的工作特色亮点。本文在分析江西省 50 份社区申报资料的基础上，总结江西省老年友好型社区创建取得的进展，发现目前老年友好型社区创建工作中存在的不足，力求为

---

*注：本文系江西省老龄问题研究中心呈报给江西省卫生健康委员会的报告，于 2021 年 10 月 13 日获江西省卫生健康委员会主任肯定性批标。作者：王峥、黄迎香。

下一阶段江西省老年友好型社区的创建工作提供建设性意见。

一、江西省老年友好型社区创建现状

参与申报的 50 个社区均为各个地市在该方面取得较好进展的社区，50 份资料也基本反映了江西省老年友好型社区的建设现状。其中，有 30 个社区进入了 2021 年 8 月 31 日公示的全国示范性老年友好型社区名单。综合来看，江西省老年友好型社区创建工作在以下方面取得了较为显著的进展。

（一）多数指标达到《评分细则》的要求

在居住环境方面，80%以上农村社区能够做到生活垃圾的及时清扫，无暴露和积存垃圾；70%以上城镇社区开展了绿化、美化、环境卫生整治活动，基本能够为老年人提供卫生清洁、空气清新的社区环境。在出行设施方面，70%以上农村社区对主干道路面进行了硬化处理，社区路面平整安全，照明设施设置科学合理；城镇社区还在以上工作的基础上尝试进行人车分流，满足了老年人的日常出行要求。在社区服务方面，大多数城乡社区能够从安全知识、防诈骗、普法等方面对老年人进行宣传教育，大部分城乡社区能够为老年人提供基本医疗服务和公共法律服务；90%的农村社区会定期探访特殊困难老人，许多农村社区还建立了志愿者组织；74%的城镇社区能够为老年人提供生活照料、助餐助行、紧急救援、精神慰藉等服务，并能够利用附近机构或设施提供养老服务。在社会参与方面，大部分城乡社区为方便老年人开展活动提供了室内外活动场所，为满足老年人的精神文化需求建立了老年社会组织和文体团队；80%以上的农村社区会邀请老年人参加村代表会议并积极听取老年人意见，部分农村社区还积极帮助经济困难的老年人获得了工作机会。在孝老敬亲方面，大多数城乡社区能够积极宣传敬老、爱老、助老模范人物和事迹，很多农村社区还将敬老、爱老、助老纳入了村规民约。

（二）部分社区在创建工作中突出了亮点

例如，吉安市兰田村开展了可回收垃圾积分兑换活动，以强化社区老年人的垃圾分类观念；赣州市花园路社区、白石村、杨梅村等通过开办老年学校、设立非遗文化馆、创建红色影院、搭建乡村大舞台等方式，传承红色基因、满足老人精神需求；九江市龙山社区、上饶市长塘社区、南昌市前进社区等开创了"党建+居家养老+志愿服务""党建+居家养老""党建+颐养之家"等居家养老新模式，以提升社区居家养老服务水平；南昌市小金台社区实行了"1＋5＋X 邻里中心"的邻里互助模式，让社区老年人低成本享受高品质邻里服务；赣州市新路村、南昌市溪湖北社区、南昌市前进社区等通过送蛋糕、帮理发、"老人节"等活动，让社区老人感受到了温暖和关爱。

二、问题与不足

虽然江西省的老年友好型社区创建工作取得了一定的成效，但同时也存在着一些不足。在参与申报的 50 个城乡社区中，得分 80 分及以上的高分社区所占比例不足 10%，得分 50 分及以下的低分社区所占比例却高达 60%。这说明江西省老年友好型社区的整体建设水平还不高，大部分社区还远未达到老年友好型社区的全国建设标准。同时，高分社区普遍来自于南昌市和赣州市，个别低分社区与高分社区之间的差距高达 90 多分，这反映出各地市老年友好型社区建设水平的不均衡问题。在具体社区建设方面主要存在以下四个问题。

（一）社区服务的设施建设有待加强

（1）老年人住房的适老化改造工作尚未广泛开展。《评分细则》要求城镇社区对老年人住房的空间布局、地面、扶手、厨房设备、如厕洗浴设备、紧急呼叫设备等进行适老化改造和维修。但在实际工作中，很多社区将该项评分指标简单地理解为拆旧房建新房、危房重建或老旧小区改造，并未切实对老年人住房进行入户改造。

（2）老年人出行设施还有待改善。例如，《评分细则》要求城镇老旧小区对住宅增设电梯，但实际工作中困难重重，多数老旧社区未能达成该项指标。又如，《评分细则》要求城镇社区内的车行道路与住宅建筑楼道口相接，以满足救护车辆通达要求，由于受到原有社区环境的限制，该项指标也基本未达成。同样，在老人集中活动场所设置公共厕所的评价要求也因为社区原有环境基础限制未能达成。

（3）老年用品的配备尚不齐全。大部分城镇社区都能通过与养老服务机构（设施）合作或购买服务的方式为社区老年人提供养老服务。但关于《评分细则》中要求的"社区内或就近的养老服务设施配备或线上提供老年用品，如手杖、轮椅/助行器、防走失手环/胸卡等，并向老年人提供租赁、借用等服务"这一内容，几乎所有城镇社区都未能达成。

（二）社区服务的人才队伍有待优化

（1）老龄工作人员的专业程度欠佳。虽然参与申报的近半数城镇社区都设置了专人负责老龄工作，但距离《评分细则》要求的"社区配备至少一名以老年人服务为主的社会工作者"标准依然很远。目前，江西省的老年友好型社区创建工作中并未重视社会工作者的专业作用。

（2）社区开展的培训活动尚不充分。《评分细则》要求城镇社区对家庭成员、监护人、护工、雇工、志愿者等家庭养老照护者展开培训，培训内容包括协助进食、协助排泄及如厕、协助移动、更换衣物、卧位护理以及洗发、梳头、口腔清洁、洗脸、剃胡须、修剪指甲、洗手洗脚、沐浴、应急救护等。但是，参与此次申报的绝大多数城镇社区都未能开展该项工作。

（三）社区服务的内容有待完善

（1）康复、护理和安宁疗护服务欠缺。《评分细则》要求城镇社区或邻近的医疗卫生机构为老年人提供康复、护理和安宁疗护服务。从实际情况来看，社区和附近的基层医疗卫生机构都不具备提供如此专业的医疗服务的能力，几乎所有的社区都未能提供该方面的申报资料。

（2）社区服务特殊老年人群的能力依然欠缺。《评分细则》要求城镇社区通过医疗卫生机构、养老服务机构以及社会组织、志愿者、物业等社会力量为社区失能老年人提供长期照护服务。然而，从现有情况来看，社区还未能担负起如此重任。《评分细则》也要求农村社区发动家族成员、亲友和邻里乡亲等对留守老年人展开照料和关爱服务，但目前绝大多数农村社区尚未形成关爱服务机制，也缺少对关爱服务方式和内容的探索。

（3）老年人的农副产品销售问题几乎被忽视。虽然很多农村社区通过搭建电商平台、联系收购方购买、利用合作社促销等渠道来帮助农村居民销售农副产品，但老年人群体一直是这项工作的盲区。除了抚州市个别农村社区外，江西省的其他地市均忽略了农村社区的该项建设内容。

（四）社区服务的科技手段有待提升

（1）社区科技助老的能力还不强。目前江西省农村社区开展"互联网+养老服务"的能力非常有限。多数农村社区还不能像《评分细则》要求的那样有效利用APP等信息化手段对接为老服务，帮助老年人使用智能产品和智能技术的培训和活动开展频率也不高。虽然城镇社区可以利用志愿者活动等为老年人使用电脑、智能手机、可穿戴设备等智能产品和智能技术提供培训和帮助,但是《评分细则》中要求的 APP、社区综合服务平台、养老信息平台等信息化手段并未得到广泛应用。

(2)社区服务中有过度依赖电子支付的倾向。城镇社区的卫生服务机构、物业、居委会等都是老年人的高频活动场所。一些社区在运用电子支付提升服务效率的同时,没有很好地保留人工服务和现金收费等传统服务方式,这给老年人缴费支付造成了障碍,也在某种程度上破坏了社区中的代际公平。

三、下一步工作的思考

(一)提升整体建设水平的同时注重地区均衡发展

首先,应号召全省城乡社区对文件精神进行详细解读,分析社区建设现状,确定下一步的建设目标。其次,应加强对老年友好社会理念的宣传,鼓励社会团体、私营企业、医护人员、社区居民等利益主体共同参与老年友好型社区的建设。再次,要加强对社区工作人员的培训教育和工作指导,提升其工作水平和服务质量。最后,江西省的老年友好型社区建设也要注重地区均衡发展问题。可以以点带面,将先进、有效的方法、模式逐步推广,努力缩小各地市间的建设差距,实现老年友好型社区在全省范围的均衡发展。

(二)突出亮点的同时对照全国标准补足短板

在未来的建设中,应该在现有工作的基础上进一步突出江西省老年友好型社区的特色和亮点,积极倡导环保理念、继续加强红色教育、弘扬敬老爱老精神,因地制宜地探索居家养老和邻里互助模式。同时,应该本着更加务实的态度,对照国家标准、参考《评分细则》,从服务设施建设、人才队伍建设、服务内容完善和服务手段提升等方面补足短板。应在兼顾代际公平的前提下特别注意城镇社区的住房适老化改造、老旧小区增设电梯、老年用品租借、人工服务和现金支付等问题,也应优先解决农村社区的科技助老、留守老人关爱、老年人农副产品销售等问题。

后 记

本书能够顺利出版，离不开政府部门、科研院所、创作团队和全省社区工作者的大力支持。在开展全国示范性老年友好型社区创建工作之初，国家卫生健康委老龄健康司就委托中国健康教育中心对全国各省、自治区、直辖市及新疆生产建设兵团的主要负责同志进行了全面、细致的培训，这为后期的申报、评选和推荐工作提供了必要的理论基础和统一标准。要特别感谢江西省卫生健康委老龄健康处的领导及同志，是他们信任并推荐江西省老龄问题研究中心（以下简称中心）成员赴南京接受培训并委托中心进行了江西省城乡社区资料的分析和评审工作，也是他们无私地将全部一手资料提供给我们用于此书编写。江西省卫生健康委员会的领导们高度重视此项工作，2021年度评选和推荐工作结束后，对中心提交的《江西省老年友好型社区建设现状与发展的思考》一文给予了重要批示，并建议在2022年度的该项工作中予以吸纳和借鉴。

本书能够顺利出版，还要感谢江西财经大学人文学院的领导，是他们敏锐地意识到此类资料对今后江西省乃至全国老年友好型社区建设工作的重要意义。时任院长尹忠海教授积极推荐中心参与2021年度的社区创建评选工作，并鼓励我们将年度参评资料整理成书。现任院长蒋国河教授为此书的编写和出版工作创造了良好的科研环境。常年从事老龄问题研究和医疗健康问题研究的同事们也为本书的编写提供了很好的思路和建议。

在本书的编写过程中，一些青年学者积极参与并配合了笔者的文字工作。她们严谨、认真、务实，同时又不乏开拓精神，大大提高了编写工作的效率。请允许我向黄迎香、聂萌等青年学者表达感谢和欣赏。

同时，本书也要感谢一线社区工作者们在以往工作中付出的巨大努力。尽管很多社区已经取得了丰硕的成果，但社区工作中仍然面临着巨大的困难，老年友好型社区的建设工作依然在路上，衷心祝愿他们未来的工作顺顺利利、硕果累累。

本书系国家社科基金项目"老年人医疗服务中的数字融入问题研究"（22BSH107）和江西省社会科学基金项目"银发经济背景下养老服务高质量发展路径研究"（21MZ03）的阶段性成果，感谢江西省一流专业建设（社会工作）财政专项资金等的大力支持。

王　峥

2022 年 6 月 9 日于南昌